TUDO QUE VOCÊ SABE SOBRE NEGÓCIOS ESTÁ ~~CERTO~~ ERRADO

ALASTAIR DRYBURGH

TUDO QUE VOCÊ SABE SOBRE NEGÓCIOS ESTÁ ~~CERTO~~ *ERRADO*

Tradução
Adriana Rieche

1ª edição

best.
business
Rio de Janeiro | 2014

CIP-BRASIL. CATALOGAÇÃO NA PUBLICAÇÃO
SINDICATO NACIONAL DOS EDITORES DE LIVROS, RJ

D864t
Dryburgh, Alastair
Tudo que você sabe sobre negócios está errado / Alastair Dryburgh; tradução: Adriana Ceschin Rieche. – 1. ed. – Rio de Janeiro: Best Business, 2014

Tradução de: Everything You Know About Business is Wrong
ISBN 978-85-7684-636-9

1. Planejamento empresarial. 2. Planejamento estratégico. 3. Administração de empresas. I. Título.

14-12264

CDD: 658.4012
CDU: 005.51

O direito de autoria de Alastair Dryburgh está assegurado de acordo com a lei inglesa de Copyright, Designs e Patentes de 1988.

Originalmente publicado em 2011 pela Headline Book Publishing.

Texto revisado segundo o novo Acordo Ortográfico da Língua Portuguesa.

TÍTULO ORIGINAL:
EVERYTHING YOU KNOW ABOUT BUSINESS IS WRONG
Copyright © 2011 by Alastair Dryburgh
Copyright da tradução © 2014 by Editora Best Seller Ltda.

Capa: Gabinete de Artes
Editoração eletrônica: Abreu's System

Todos os direitos reservados. Proibida a reprodução, no todo ou em parte, sem autorização prévia por escrito da editora, sejam quais forem os meios empregados.

Direitos exclusivos de publicação em língua portuguesa para o Brasil adquiridos pela
EDITORA BEST BUSINESS um selo da EDITORA BEST SELLER LTDA.
Rua Argentina, 171, parte, São Cristóvão
Rio de Janeiro, RJ – 20921-380
que se reserva a propriedade literária desta tradução

Impresso no Brasil

ISBN 978-85-7684-636-9

Seja um leitor preferencial Record.
Cadastre-se e receba informações sobre nossos lançamentos e nossas promoções

Atendimento e venda direta ao leitor:
mdireto@record.com.br ou (21) 2585-2002

SUMÁRIO

Introdução	**7**
1. Por que ficamos presos e como nos libertar?	**9**
2. Determinação de preços	**29**
3. Corte de custos	**59**
4. Avaliação	**89**
5. Orçamento e planejamento	**115**
6. Máximas úteis	**137**
7. Incentivos	**179**
8. É hora de começar a pensar sobre como pensar	**217**
9. O que fazer agora?	**237**
Tem mais...	**253**

INTRODUÇÃO

Imagine um jogo de pôquer com altas apostas. Durante a partida, milhões de dólares mudam de mãos. Todos os jogadores leram os mesmos livros, compreendem os mesmos sistemas, sabem perfeitamente como calcular as probabilidades em qualquer situação e, durante o jogo, vão receber a mesma combinação de cartas, boas e más. Apesar disso tudo, os mesmos poucos jogadores ganham sempre e de forma consistente. O que lhes dá a vantagem?

A mesma pergunta se aplica aos negócios. Globalização significa que cada vez mais todos nós vamos ter acesso aos mesmos mercados e à mesma base de fornecedores. Pela web, temos acesso às mesmas informações e às mesmas ideias das mesmas escolas de negócios. Onde encontraremos nossa vantagem competitiva?

Quer você seja um jogador de pôquer, CEO de uma grande empresa global, empreendedor individual ou funcionário de uma empresa desenvolvendo sua própria carreira, a vantagem competitiva sustentável vem do mesmo lugar. *De dentro da sua própria cabeça.* Os jogadores de pôquer sabem que o caminho para ganhar de forma consistente nas mesas em que as apostas são altas é conhecer muito bem a psicologia humana: a própria e a de seus adversários. O mesmo vale para os negócios, mas esta visão não é tão amplamente compreendida.

Esta é a sua chance de ficar à frente no jogo. Não a desperdice.

CAPÍTULO 1

POR QUE FICAMOS PRESOS E COMO NOS LIBERTAR?

POR QUE FAZER A COISA CERTA PARECE TÃO ERRADO?

É intrigante. Vemos o mundo à nossa volta e identificamos muitas coisas que não fazem sentido. Este livro está cheio delas. Durante mais de dois anos venho escrevendo a coluna "Don't You Believe It" na revista on-line *Management Today*. Todo mês seleciono um novo aspecto da sabedoria convencional ou de uma prática aceita para discordar. Eu costumava ficar preocupado com a possibilidade de esgotar os temas de discussão, mas isso não acontece. Sejamos honestos, não são apenas os outros que cometem essas idiotices. Somos eu e você. Podemos aplicar a lógica, podemos analisar exemplos e identificar formas diferentes e melhores de fazer o nosso trabalho. Mas, mesmo assim, resistimos.

Mais adiante no livro vamos conhecer, entre outros:

- O grupo que quase encerrou suas operações em um país antes de perceber que era, de fato, uma oportunidade de crescimento;
- O gerente de vendas que se empenha em encontrar formas de reduzir sua previsão de vendas;
- Programas de incentivo que estimulam e recompensam piores desempenhos;

⊃ Estratégias de precificação que não fazem sentido algum, mas aumentam a receita.

E isso tudo antes de eu pensar em todas as coisas idiotas que já fiz na vida, ou as que você tem feito – seja sincero.

Uma objeção já está se formando em sua mente. Como isso pode ser verdade? Se tantos de nós estão cometendo erros em tantas áreas, e se eu afirmo que eles são óbvios, por que isso vem acontecendo há tanto tempo? Não é porque somos burros. É porque gastamos tanto tempo pensando sobre como fazer coisas novas e interessantes que não dedicamos tempo suficiente para pensar sobre nossa própria forma de pensar. Esta é a promessa deste livro. Podemos ser *dramaticamente* mais eficazes no que fazemos. Não precisamos ficar mais inteligentes, aprender toda uma nova gama de habilidades, trabalhar mais ou adquirir uma vasta quantidade de conhecimento extra. Quando se trata de conhecimento, habilidade e inteligência, temos o que precisamos. A melhoria vem da atualização de nossa forma de pensar sobre como usamos o que já temos.

É por isso que começo este livro, um livro sobre os equívocos populares no mundo dos negócios e como evitá-los, falando sobre o Cérebro do Homem das Cavernas.

CONHEÇA O CÉREBRO DO HOMEM DAS CAVERNAS

Você se lembra dos velhos tempos, quando vivíamos de caça e coleta, quando ser morto por um tigre-dentes-de-sabre era um risco ocupacional, e costumávamos ficar muito animados com as novidades em peles de urso da nova estação?

Não, eu também não. Mas partes do nosso cérebro lembram. A vida na Idade da Pedra pode ter sido desagradável, brutal e (geralmente) curta, mas era simples. Riscos e oportunidades eram poucos em número, fáceis de detectar, e não era difícil descobrir o que fazer com eles.

Imagine que exista uma civilização mais avançada do outro lado da galáxia, que tenha nos descoberto cinco milênios atrás. Eles mandam alguém para nos investigar uma vez a cada mil anos mais ou menos. O visitante deste ano perceberia o progresso que fizemos em tecnologia. As casas em que vivemos, as ferramentas que usamos e a quantidade de informação disponível se desenvolveram absurdamente desde sua última visita, há mil anos. Nosso visitante intergaláctico certamente aprovaria o nosso progresso nessas áreas e poderia até ficar impressionado com os avanços. Por outro lado, ficaria desanimado com a forma como pensamos a respeito do nosso caminho neste novo mundo que criamos. Tantas vezes parecemos estar presos na Idade da Pedra, aplicando o pensamento do homem das cavernas a problemas da era da informação.

Os alienígenas concluiriam que precisamos pensar mais sobre a nossa forma de pensar, ou vamos acabar nos atrapalhando seriamente.

Na verdade, é o Cérebro do Homem das Cavernas que está causando a maioria dos problemas na forma de pensar que acabamos de descrever, graças a dois princípios orientadores.

Princípio n° 1 – Familiaridade é segurança

Pense no pobre homem das cavernas em uma situação estranha: digamos, transportado da savana para a floresta. Tudo é diferente: a flora, a fauna, as paisagens, os sons, os cheiros. Como ele vai saber o que é seguro e o que é perigoso? É muito difícil. Ele não tem experiência nesse novo ambiente, e também não tem muitas das outras habilidades que poderia usar para decidir se estávamos seguros ou não. Ele não dispõe de conhecimento científico para ajudá-lo a descobrir o que é seguro comer. Ele não tem livros à disposição escritos por pessoas mais experientes que possam relatar o que descobriram. Na hora de pensar por conta própria, ele esbarra em uma linguagem primitiva, e não tem meios que possam ajudá-lo a usar a lógica.

É um problema difícil, que o homem das cavernas resolve do único modo que conhece. Ele recorre a uma máxima muito simples: "familiaridade = segurança". Ou, dito de outra forma: "Se esta situação é familiar, isso significa que eu a dominei antes, e por isso posso vencê-la novamente. Se é desconhecida, não vou me arriscar."

Para um homem primitivo, em um mundo primitivo, esta é uma excelente estratégia. Funciona bem, pois não exige muito em termos de inteligência, poder de raciocínio ou conhecimento, mas também porque as condições do mundo primitivo eram simples. Como um método simples para as pessoas pouco sofisticadas em circunstâncias claras, é brilhante. Não é difícil entender por que os indivíduos que seguiam essa estratégia tendiam a sobreviver por mais tempo. Viveram mais tempo, tiveram mais filhos e, assim, passaram a estratégia de geração em geração até nós, codificada em nossos cérebros.

O problema surge quando o mundo deixa de ser simples. A máxima "familiar = seguro" é muito útil quando o mundo é basicamente imutável. A mudança, no entanto, tem um jeito de tornar o familiar obsoleto e, portanto, inseguro.

Considere os fabricantes de automóveis dos Estados Unidos nas décadas de 1960 e 1970. A Ford, a Chrysler e a General Motors eram concorrentes acirradas, mas todas produziam carros muito semelhantes: grandes e com alto consumo de gasolina. Por um lado, parecia um mundo impiedosamente competitivo, mas, por outro, parecia muito familiar, e, portanto, seguro. O desastre se deu com a chegada dos japoneses ao cenário global da fabricação de automóveis. Eles tinham ideias muito diferentes sobre carros que agradaram bastante o público comprador norte-americano. De acordo com uma pesquisa conduzida na Universidade de Cranfield, a participação de mercado dos fabricantes japoneses subiu de um mínimo de 5% em 1970 para 20% em 1980. As fabricantes norte-americanas demoraram a responder. Mesmo poucos anos atrás, um analista comentou, a respeito da crise na indústria, que as empresas pareciam não estar conseguindo produzir os carros que as pessoas queriam comprar.

A mudança fará com que o familiar se torne inseguro. Este não é um problema que o homem das cavernas tinha de enfrentar, mas é endêmico atualmente. Em termos intelectuais, esta não é uma proposta difícil de aceitar, mas existe uma parte da mente que tem muita dificuldade em aceitá-la. Essa parte é o Cérebro do Homem das Cavernas, e quando ele está no controle, é muito difícil de combater. Não é passível de discussão. Como você pode argumentar com algo que é basicamente primitivo? Os sintomas do Cérebro do Homem das Cavernas são poderosos, mas difíceis de identificar; eles se manifestam como uma sensação de desconforto, uma relutância inexplicável, até mesmo uma incapacidade de fazer o que parece eminentemente sensato. Muitas vezes você nem percebe que o Cérebro do Homem das Cavernas está em ação; ele deixa você cego diante de possibilidades desconhecidas, ou ao risco do que é familiar.

Princípio nº 2 – Conformidade social

Imagine que estamos no início da década de 1950 e que você é um estudante na Swarthmore College, no estado da Pensilvânia. Você se ofereceu para ajudar o professor Solomon Asch como participante em um estudo de percepção espacial. Você e um grupo de sete pessoas estão em uma sala com o professor. Ele apresenta um slide do diagrama a seguir e pede ao grupo, um por um, que olhe para a linha do lado esquerdo e diga qual das três linhas à direita tem o mesmo comprimento.

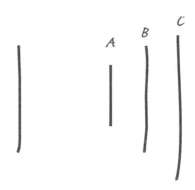

A primeira pessoa responde: "Linha C."
A segunda pessoa responde: "Linha C."
A terceira pessoa responde: "Linha C."
A quarta pessoa responde: "Linha C."
A quinta pessoa responde: "Linha C."
A sexta pessoa responde: "Linha C."
A sétima pessoa responde: "Linha C."

Agora é a sua vez de responder. É óbvio que a resposta correta é B, mas todas as sete pessoas antes de você responderam "C". O que você dirá?

Na verdade, você foi enganado Você é o único sujeito real na sala. A experiência não é sobre percepção espacial, mas sobre conformidade social. As outras sete pessoas são, na verdade, colegas do professor, e deram a resposta errada de propósito, numa tentativa de manipulá-lo. No experimento real, 75% das pessoas seguiram a opinião do grupo.

A experiência mostra que é muito difícil fazer a coisa óbvia e sensata quando todos estão fazendo o oposto. Esse mesmo ponto foi estabelecido numa experiência muito mais elaborada e cara no sctor bancário ao longo dos últimos anos.

Não é difícil ver como essa abordagem de conformidade social teria beneficiado grupos primitivos. Em um ambiente simples e imutável, a visão do grupo provavelmente é acertada. Quando vivemos perto do nível de subsistência, não faz muito sentido perder tempo debatendo questões, particularmente porque o "debate" nesse tipo de sociedade tinha maior probabilidade de envolver armas do que argumentos cuidadosamente desenvolvidos.

O experimento real baseava-se no número de colaboradores deliberadamente enganando o sujeito. Isto não é necessário para que o mecanismo funcione. Pense no conto de fadas "A roupa nova do rei". Ali havia um acordo tácito de que era mais fácil manter a fantasia do que dizer a verdade, ou seja, vamos todos fingir que o imperador está muito bem-vestido. Isso pode ter funcionado no conto de fadas, mas imagine os resultados numa empresa que fabrica artigos de vestuário e opera num mercado competitivo.

O mesmo mecanismo de pensamento de grupo pode funcionar na vida real. A filósofa eslovena Renata Salecl descreveu uma descoberta surpreendente feita em seu país após o fim do comunismo. Muitas pessoas perderam a fé no regime comunista, mas trabalhavam sob a impressão de que a maioria ainda acreditava e, assim, ficavam quietas. Só quando os comunistas foram tirados do poder é que se tornou evidente que quase ninguém acreditava mais no comunismo, nem mesmo os dirigentes que governavam o país. Essa grande maioria de descrentes, no entanto, acreditava que era minoria, e por isso não se manifestou.

Pobre homem das cavernas! O mundo mudou, e continua mudando. Ele simplesmente não consegue lidar com isso, mas não vai embora. Ele ocupa uma parte muito antiga e primitiva da mente. Atualizar nossa forma de pensar não vai ser fácil, mas existem passos a serem seguidos. O primeiro é identificar as armadilhas, de modo a evitá-las.

ARMADILHAS NO NOSSO MODO DE PENSAR

É importante entender qual a sua forma de pensar e ser capaz de escolher o método certo para um determinado problema, mas esta é apenas metade da batalha. Existem algumas armadilhas razoavelmente previsíveis, ou formas em que a nossa herança da Idade da Pedra não só condiciona nosso jeito de pensar, mas nos impede de agir com base em nossas conclusões, mesmo quando acertamos.

Armadilha 1 – Pensamento mágico

Esta é muito popular nos dias de hoje. Entre em qualquer livraria e procure a seção de "autoajuda" – hoje em dia essas seções são tão grandes que fica difícil não encontrar. Ali estão prateleiras cheias de receitas garantidas para o sucesso, a riqueza, o amor... O cínico poderia perguntar por que instruções sobre como obter sucesso nas áreas realmente importantes da vida parecem ser mais simples do que as instruções sobre como programar o seu gravador de DVD.

O cínico (e nessa área eu sou um cínico) poderia observar, ainda, que enquanto um livro com um título como *Seis passos para conquistar a vitória* será muito bem-recebido, ninguém vai comprar um outro intitulado *Seis jogadas certeiras para ganhar qualquer partida de xadrez*. Qualquer pessoa que saiba algo de xadrez riria de tal livro. Não existe uma jogada melhor ou certeira, tudo depende de em que fase do jogo você está, de onde as peças estão no tabuleiro e de quem é seu oponente.

O tiro de misericórdia do cínico poderia ser perguntar por que, se é tudo tão fácil assim, existem tantas pessoas claramente tão insatisfeitas a ponto de precisarem continuar comprando livros desse tipo? Um autor de autoajuda realmente bom, na verdade, daria um tiro no próprio pé: ao escrever um livro que resolve o problema de todo mundo poria fim ao gênero inteiro. Mas deixe de lado a questão da eficácia; o que esses livros nos dizem?

Parece haver duas vertentes principais:

❶ Se você realmente deseja alguma coisa, mentalize-a durante bastante tempo e ela se tornará realidade. O melhor exemplo deste caso é *O segredo*, de Rhonda Byrne.

❷ Como alternativa, se isso parece um pouco esquisito, você talvez prefira a escola da força de vontade. Neste caso, é apenas uma questão de vontade; se você não está recebendo o que quer é porque optou por não correr atrás. Deseje o suficiente, empenhe-se o suficiente, e você terá o que procura.

O pensamento mágico surge de forma surpreendente no mundo dos negócios:

- ⮞ Uma nova missão vai injetar vida nova nos negócios (o poder da visualização, mesmo que não tenhamos provas de que a missão é exequível, ou a menor ideia do que tem que ser feito ou modificado para realizá-la).
- ⮞ Incentivos mais concretos (mais atrativos para a diretoria, mais sanções para os trabalhadores). O poder da força de vontade. Se você se empenhar o suficiente, conseguirá sucesso. Você não precisa passar muito tempo pensando sobre o que vai fazer, ou por que o que tem feito não tem produzido os resultados desejados, ou por que fazer mais do mesmo vai melhorar a situação, se o que você vem fazendo não tem gerado os resultados desejados.

O apelo do pensamento mágico é que ele nos alivia de muita reflexão e muita incerteza. A força de vontade supera a astúcia ou o planejamento. Você não precisa de plano – basta ter energia e otimismo suficientes, e tudo dará certo.

Esta forma de pensamento mágico se defende muito habilmente contra os ataques. Se você tentou e não deu certo, existe uma resposta pronta. Você claramente não seguiu a receita direito, ou simplesmente não acreditou o suficiente, ou não se esforçou tanto assim. A culpa é sua, não mate o portador da mensagem.

Não é difícil ver como esse tipo de pensamento atrai o homem das cavernas. Para uma pessoa primitiva, a magia é real. Na ausência de ciência e de qualquer espécie de lógica para analisar relações de causa e efeito, buscamos alento na superstição e nos rituais. O que mais poderíamos fazer?

O pensamento mágico é particularmente atraente quando você se sente inseguro ou confuso. Ele simplifica as coisas, e é sempre apresentado com grande confiança. Você está sendo convidado a colocar o seu destino nas mãos de um poder superior, basta seguir os passos, obedecer cegamente e, de alguma forma, alguém ou alguma coisa vai garantir que tudo dará certo para você. É o que um psicanalista chamaria de uma "fantasia dependente".

Goste ou não, as coisas mudaram. É hora de uma abordagem baseada na realidade para as nossas aspirações. Toda vez que você se sentir atraído por uma "receita garantida" ou por "seis passos infalíveis", estará sucumbindo aos encantos do pensamento mágico. Quando você não puder explicar claramente as relações de causa e efeito, o pensamento mágico talvez esteja assumindo o controle da situação. Pratique identificá-lo, em si mesmo ou nos outros, e evite-o a todo custo.

Armadilha 2 – Influência do *status quo*

Não se trata de uma preferência irracional por uma banda de rock atemporal, mas uma falha sistemática na nossa maneira de pensar sobre o risco.

Pensamos sobre o risco, mas para ter alguma chance de lidar com ele de forma eficaz é preciso distinguir dois tipos diferentes:

Tipo 1

O risco decorrente de fazer alguma coisa. "Fazer alguma coisa" pode ser qualquer coisa, desde convidar alguém para sair até usar tecnologia avançada para explorar petróleo no golfo do México. O risco Tipo 1 parece arriscado. Seja o que for, quando decidimos fazer algo, estamos conscientes do risco envolvido, mesmo se não formos particularmente bons em avaliar a sua gravidade ou em planejar como gerenciá-lo.

Tipo 2

Por outro lado, tendemos a estar muito menos conscientes do risco Tipo 2, ou seja, o risco decorrente de *não* fazer alguma coisa. Podemos não convidar a pessoa para sair e, com isso, perder a oportunidade de um relacionamento maravilhoso, ou talvez não desenvolvamos aquele novo produto ou abordagem e levemos nossa empresa ao fracasso. Curiosamente, por mais que tentemos evocar uma visão do arrependimento e da oportunidade perdida decorrente da nossa decisão de não agir, essa visão parece muito menos viva e menos atraente do que as visões de fracasso que se apresentam quando de fato agimos. O estranho é que o risco do Tipo 2 muitas vezes parece seguro.

Considere como diferentes abordagens ao risco condicionam a forma como tomamos decisões de negócios. Certa vez, trabalhei em uma unidade de consultoria interna de um grupo grande que era proprietário, entre outras coisas, de uma série de parques temáticos. Um dia, o diretor financeiro do grupo nos pediu para analisar e comentar uma proposta de investimento do parque principal. Eles queriam investir pesado em uma nova montanha-russa, maior, mais rápida e mais assustadora do que qualquer outra atração anterior.

Houve uma divergência de opinião interessante no âmbito das finanças; não tanto quanto a seus méritos como um caso de investimento, mas mais fundamentalmente sobre como avaliá-lo. Um ponto de vista é que ela era uma importante decisão de investimento que precisava ser avaliada como tal. Se gastarmos o dinheiro, será que o retorno será suficiente para justificar o investimento?

O outro ponto de vista era diferente. Considerava a nova montanha-russa não como um investimento, mas sim como um custo de permanecer no negócio. Se quiser manter sua posição de liderança no ramo de parques temáticos do Reino Unido, pelo menos a cada dois anos será necessário oferecer ao público algo novo que seja maior, mais rápido e mais assustador do que qualquer outra atração anterior. A pergunta então não era "devemos fazê-lo?", mas "como financiá-lo?".

Havia mérito nos dois pontos de vista, mas eles estavam abordando a questão de ângulos completamente diferentes. O primeiro focava no risco de Tipo 1: "O que acontece se fizermos isso?" O segundo focava no risco de Tipo 2: "O que acontece se não fizermos isso?"

Há uma forte tendência para o risco de Tipo 1, com uma suposição implícita de que o *status quo* é sempre uma opção. Não fazer nada pode não ser o curso mais emocionante ou rentável de ação, mas é sempre aceitável. Para o homem das cavernas, isso fazia todo sentido. "O futuro, a menos que eu faça alguma coisa para mudá-lo, continuará igual ao passado. Sobrevivi ao passado, então, está tudo bem." Mais uma vez, o que mudou foi a *mudança*. O *status quo* não é mais uma opção, e a sua atual plataforma confortável e familiar tende a ser corroída pelo progresso tecnológico, pelas mudanças demográficas, pela globalização ou pelos esforços de seus concorrentes.

Armadilha 3 – Isolamento

Quando analisamos determinada situação e tentamos decidir o que fazer, um risco perene é ter uma perspectiva restritiva demais. Isso pode acontecer em qualquer nível, como mostram os seguintes exemplos:

➲ Uma empresa de software tinha dificuldade em cobrar os valores devidos por clientes. O problema fora definido como fraco desempenho do departamento financeiro quando, na realidade, o departamento financeiro não podia fazer nada sem a colaboração dos departamentos de desenvolvimento de software, serviços profissionais e jurídicos. Quando essas pessoas foram envolvidas no processo, o problema foi resolvido rapidamente.

➲ Uma empresa planeja futuras estratégias supondo que os concorrentes não responderão, quando na realidade o inverso é verdadeiro.

➲ Parece que a fabricante de celulares Nokia recentemente foi vítima de sua forma de pensar isolada. A empresa alcançou enorme sucesso durante muitos anos fabricando aparelhos baseados no sistema operacional Symbian. De repente, o mercado mudou radicalmente. O advento do smartphone, fosse da Apple ou Android, fez com que o aparelho não fosse mais apenas parte de um equipamento, mas o centro de um "ecossistema" de aplicativos e outros serviços produzidos ou oferecidos por uma enorme gama de fornecedores. O Symbian simplesmente não tinha como oferecer suporte a essa diversidade, e a Nokia demorou a reconhecer o problema. No final, para conseguir um sistema operacional viável, a empresa fechou um acordo com a Microsoft, um distante terceiro lugar no mercado.

Armadilha 4 – Aversão geral ao risco

Uma vez fui convidado para dar uma palestra para uma associação comercial sobre o tema "Existe risco no negócio de publicações?". Fiquei com a impressão de que eles esperavam que eu dissesse que não havia; assim, todos voltariam para casa felizes.

Claro que eu não disse nada disso, mas fiz uma apresentação de meia hora bastante acadêmica sobre como identificar riscos e lidar com eles. Se eu tivesse que repetir a palestra hoje em dia, minha resposta teria sido muito mais enérgica. Teria sido algo como: "Existe risco no negócio de publicações? Claro que sim. Um negócio sem risco seria como cozinhar sem sal, ou a vida sem sexo. Risco é apenas outra palavra para possibilidade. Aceite que ele tem essa dupla natureza, e lide com ela. É só isso o que tenho a dizer. Agora, voltem ao trabalho e façam algo grandioso."

Tendemos a superestimar o risco, mais uma vez, graças ao homem das cavernas. Pense no homem das cavernas como alguém com água até o queixo. Não havia margem de segurança em sua vida. Um movimento em falso, uma decisão ruim, uma má colheita ou um inverno rigoroso, e ele estaria morto. Em seu mundo, os riscos, mesmo com relativamente poucas consequências, são fatais. Adicione a isso a influência do *status quo* mencionada anteriormente, e fica claro por que o homem das cavernas é muito avesso ao risco.

É evidente que o mundo mudou. Na maioria das vezes, temos uma margem de segurança, podemos nos dar ao luxo de experimentar e absorver os custos de experiências malsucedidas. Na verdade, *precisamos* experimentar, porque o *status quo* provavelmente não é uma opção.

Armadilha 5 – O erro fundamental de atribuição
Essa armadilha é tão comum que os psicólogos sociais inventaram um nome especial para ela. O erro fundamental de atribuição é definido na Wikipédia como "a tendência de

supervalorizar explicações dadas com base em nossa disposição ou personalidade para os comportamentos observados em outras pessoas e de subvalorizar as explicações situacionais para esses comportamentos". Em linguagem mais simples, poderíamos dizer que, quando as pessoas fazem coisas que nós não gostamos, tendemos a explicá-las em termos como "elas são assim mesmo" em vez de "isso era de se esperar, dada a situação em que se encontram". O Capítulo 7, sobre incentivos, apresenta alguns exemplos desses casos. O gerente de compras que encomenda um estoque equivalente a quatro anos de operações não fez isso porque era idiota e não entendia a importância do fluxo de caixa, mas porque seus objetivos exigiam que o fizesse. Os controladores de crédito na empresa de software não estavam falhando porque eram preguiçosos ou inúteis, mas porque a organização não lhes dava acesso às pessoas que poderiam resolver os problemas.

É claro que resolver essas questões poderia fazer enorme diferença na sua eficácia como gerente. Felizmente, os psicólogos sociais oferecem algumas técnicas para fazer exatamente isso:

❶ Ter uma visão de "consenso". Se a maioria das pessoas em determinada situação se comportar de certa maneira, pressuponha que é resultado da situação, e não da disposição individual de cada um.

❷ Pergunte a si mesmo como *você* se comportaria nessa situação.

❸ Procure por causas ocultas, como o efeito das estruturas de incentivos e da estrutura organizacional.

É assim que funciona. Problemas sistemáticos com nossa forma de pensar levam a problemas sistemáticos de comportamento e, portanto, de desempenho e resultados. Os capítulos seguintes abrangem as mais diversas áreas e identificam uma série estranha e maravilhosa de erros que surgem a partir de padrões de pensamento que perderam o rumo.

Depois de uma análise aprofundada de alguns problemas comuns que surgem do pensamento desleixado, vou oferecer algumas soluções. Parte da resposta está em melhores ferramentas de pensamento, e parte em uma forma aperfeiçoada de pensar, o que significa entender mais sobre seus próprios padrões de pensamento e as formas como as emoções, em geral as primitivas, condicionam o que vemos e fazemos. O penúltimo capítulo oferece alguns instrumentos úteis para superar tais vieses, livrando-nos das armadilhas para que possamos tomar melhores decisões que levem a ações mais efetivas. Em seguida, o capítulo final oferece formas de lidar com o lado emocional de nossa mente, para ter certeza de que fazer a coisa certa não pareça tão errado assim.

CAPÍTULO 2

DETERMINAÇÃO DE PREÇOS

OS PREÇOS DEVEM SER BASEADOS NOS CUSTOS DE PRODUÇÃO

Esta é uma ideia muito, muito ruim, como veremos. No entanto, mesmo se fosse uma boa ideia, seria impossível implementá-la. Tentar usá-la envolveria confusão e contradição. Para entender o motivo, considere esta história. É uma das muitas que defendem o mesmo ponto, mas eu a considero particularmente impactante. Talvez seja até mesmo verdade.

Um dia em Paris uma mulher rica entra em um café e vê Picasso. Depois de alguns minutos, ela reúne coragem para se aproximar dele.

– *Monsieur* Picasso, o senhor faria um retrato meu? – pergunta ela. – Estou disposta a pagar qualquer valor.

Picasso balança a cabeça, pega um cardápio e em cinco minutos esboça o retrato da mulher na parte de trás. Ele lhe entrega o retrato.

– Cinco mil francos – diz ele.

– Mas, *monsieur* Picasso, só levou cinco minutos.

– Não, senhora, levou a minha vida toda.

Você não precisa ser um artista famoso para que isso aconteça. Uma empresa que conheço fornece enormes bases de dados de informação científica. Um dia, ela foi abordada por um dos seus maiores clientes, uma empresa farmacêutica global. A empresa queria uma interface personalizada. A provedora de bases de dados determinou que seriam necessários 12 dias de tempo de programação. Fizeram uma proposta pelo serviço que foi aceita pelo cliente. Quanto cobraram pelo serviço? Um milhão de libras.

Esses valores são razoáveis? Vamos dizer que você queira estabelecer preços com base na quantidade de tempo necessário para realizar o trabalho. Qual é esse tempo? Picasso estava absolutamente certo em insistir que não é o tempo necessário para realizar uma tarefa específica, mas o tempo necessário para chegar ao ponto em que você está capacitado para realizar a tarefa em questão. No caso de Picasso, esse tempo era toda a vida dele. Para a empresa de banco de dados, mais uma vez, o custo de ser capaz de construir a interface personalizada não envolve apenas o trabalho de programação, mas o custo de montagem do banco de dados e, fundamentalmente, o de codificá-lo de uma forma que facilite o desenvolvimento da interface. Esse custo era algo como uma centena de pessoas altamente qualificadas trabalhando durante vinte anos. Isso fez com que um milhão de libras parecesse uma pechincha, assim como 5 mil francos parecem pouco pelo trabalho da vida inteira de Picasso.

Esta é também a razão pela qual eu, como consultor, tento evitar cobrar dos clientes com base em uma tarifa diária. Como a maioria dos trabalhadores do conhecimento, passei anos aprendendo a fazer o que faço. Em uma ocasião, dei uma palestra de dez minutos a um grupo. Um dos membros do grupo, sem nenhuma outra ajuda da minha parte, mudou algo no seu negócio que o fez aumentar sua renda em 10% no mês seguinte e em todos os meses depois disso. Como eu poderia determinar o preço disso? Como cinco minutos de trabalho? Ou de acordo com as semanas e os meses que passei estudando o assunto? Devo incluir também o tempo que passei praticando para ser um bom orador, para que o público realmente prestasse atenção ao que eu dissesse? (O tema da minha palestra, por sinal, foi a utilização de um esquema de preços diferenciado, por isso preste atenção a este capítulo, pois ele pode fazer uma diferença significativa em sua margem de lucro.)

Há outro detalhe também. Como a maioria dos outros trabalhadores do conhecimento, trabalho melhor quando estou pensando em outra coisa, ou mesmo quando estou dormindo. Se um problema é desconcertante para mim, tento esquecê-lo, levo meu filho ao parque, janto e depois vou para a cama. Ao acordar, de manhã, a solução tornou-se óbvia. Este é o procedimento normal para as pessoas que estão no ramo de resolver problemas difíceis, mas cria um problema interessante para os tipos de negócios cuja cobrança baseia-se no tempo. Você quer que eu cobre pelo tempo gasto? Simples. O relógio começa a contar no nosso primeiro encontro, e continua 24 horas por dia até a conclusão do projeto. Aliás, como uma grande parte do trabalho está acontecendo na mente inconsciente, que pode lidar com várias situações ao mesmo tempo, é perfeitamente legítimo que eu cobre meus outros clientes pelas mesmas 24 horas por dia, sete dias por semana. Se isso for aceitável para você, ficarei feliz em cobrar por hora.

Certo, você diz como cliente, eu aceito que determinar o preço com base no custo da produção não funciona quando a "produção" basicamente representa horas de capacidade intelectual. Mas o que dizer dos artigos propriamente ditos, ou seja, bens, e não serviços? Infelizmente, determinar os preços com base nos custos também não funciona nesse caso.

Considere um motor de avião. São necessários muitos materiais complexos e muitas horas de trabalho manual para montá-lo. Porém, o verdadeiro custo não está nos materiais ou na mão de obra. Curiosamente, o custo está no projeto, mas *o valor real está no conhecimento*. O que isso significa? Óbvio que há valor no projeto. Existem inúmeras empresas que poderiam produzir peças de metal, plástico ou borracha seguindo um projeto, mas apenas duas empresas no mundo, a Rolls-Royce e a GE, sabem como criar grandes motores aeronáuticos. Porém, é curioso que esta seja apenas parte da história. Tive uma conversa fascinante com alguém da Rolls-Royce sobre o tema da proteção da propriedade intelectual. "Alguém poderia roubar o seu projeto de motor?", perguntei. "Sim, poderia", respondeu ele, "mas não obteria vantagem alguma." Existem pessoas que poderiam desmontar um motor e fazer uma cópia exata, mas ele não voaria. Na verdade, partes do motor iriam derreter ou quebrar. Existem aspectos que você precisa saber sobre a ciência dos materiais que não podem ser resolvidos a partir do motor propriamente dito. Não basta ter uma planta completa do motor – você precisa saber como montá-la. É a mesma história: o valor do motor é inseparável dos 60 anos de história de fabricação de motores da Rolls-Royce.

Então, estou argumentando que, mesmo para elementos físicos, o valor realmente está no conhecimento necessário para criá-lo, e não no custo real de fazer a coisa, e que, portanto, não faz sentido determinar os preços com base no custo de produção. "Mas espere, você está trapaceando", dirá você. Como meu exemplo de objeto a ser produzido estou usando o motor aeronáutico, um produto tecnológico muito avançado. E as coisas mais comuns?

Tudo bem, o que acontece com tênis e trajes esportivos? Será que são artigos "comuns" o suficiente para você? Vamos analisar esse mercado. Produtos de marca, como a Nike, são vendidos por mais do que um produto com a mesma qualidade de uma marca menor, ou um produto sem marca, apesar de possivelmente serem provenientes da mesma fábrica e serem fabricados com os mesmos materiais. É uma versão ligeiramente diferente da mesma história – o *custo de venda do produto inclui uma série de custos que incidem antes de o produto ser fabricado.* Para o consultor ou o artista, o custo é o tempo necessário para aprender a fazer o que eles fazem. Para o fabricante de motores aeronáuticos, são décadas de pesquisa e desenvolvimento. Para a fabricante de artigos esportivos, é o marketing e a construção da marca.

COMO A DETERMINAÇÃO DE PREÇOS COM BASE EM CUSTO DESTRUIRÁ SEU NEGÓCIO

Apenas no caso de você ainda estar tentado a encontrar uma maneira de justificar a determinação de preços com base em custos, considere o seguinte.

Trabalhei com uma empresa de engenharia na Europa que fabrica componentes para equipamentos hidráulicos. Seus clientes tanto podem apenas procurar os componentes como buscar suas técnicas de engenharia. O que ocorre é que os clientes vêm tentando projetar um sistema com determinada capacidade ou determinado tempo de resposta que possa ser implantado em uma área não convencional. Eles não estão conseguindo resolver o problema, mas os engenheiros do meu cliente sabem o que é preciso.

No Reino Unido, a empresa de engenharia cobrava esses projetos com base no custo, mais um adicional, alcançando um lucro bruto de cerca de 30%.

Na Itália, a empresa adotou uma abordagem diferente. Não era uma fórmula, mas um processo. Especificamente, o processo era o seguinte: "Vamos todos pensar juntos e chegar a um número." Funcionou muito bem. Em projetos em que a empresa estava contribuindo com conhecimentos significativos para resolver problemas complicados, os italianos conseguiram alcançar margens de 70% onde os britânicos chegaram a 30%. Não tenho razão alguma para supor que os italianos fossem engenheiros mais capazes do que os britânicos, eles só tinham uma noção melhor do valor de seus conhecimentos.

Há um outro aspecto interessante nessa história também. No Reino Unido, a empresa de engenharia tentava manter sua rentabilidade (pouco surpreendente, pode-se dizer, já que vinha usando um modelo de precificação tão fraco). Para aumentar os lucros, a empresa buscava novas fontes de materiais – China, em vez da França, e Romênia, em vez da Alemanha. Assim, havia redução de custos; mas você já consegue ver a armadilha na qual a empresa estava se metendo? Operando em um sistema de precificação baseado em custos, cada 100 euros economizados em materiais resultava em uma redução de 130 euros nos preços. Eles estavam, literalmente, reduzindo os custos de sua falência.

Contei essa história para centenas de gerentes em reuniões de associações comerciais e grupos de executivos, e perguntei: "Você consegue identificar a armadilha?" E apenas um em cada vinte conseguiu identificá-la.

OS ESQUEMAS PARA A DETERMINAÇÃO DE PREÇOS DEVERIAM FAZER SENTIDO

Não, não deveriam. Consistência lógica não é um bom atributo de esquemas para determinação de preços. Consistência psicológica é, e isso é muito diferente. Considere este exemplo relatado pelo economista comportamental Dan Ariely (em uma palestra que ele deu no The Entertainment Gathering, em Monterey, na Califórnia, em dezembro de 2008, que pode ser vista no YouTube).

Ele comentou este anúncio para assinaturas da *Economist* (veja o primeiro exemplo a seguir).

Assinatura on-line   *$59*
Assinatura impressa   *$129*
Assinatura impressa e on-line   *$129*

Agora, qual é o sentido disso? Por que alguém escolheria apenas a assinatura impressa quando poderia ficar com a versão on-line e a impressa pelo mesmo preço?

Ele fez algumas experiências com seus alunos.

Primeiro, apresentou três opções, e observou a participação de mercado (veja o segundo exemplo a seguir).

Oferta	Preço	Participação no mercado
Assinatura on-line	$59	16%
Assinatura impressa	$129	0%
Impressa e on-line	$129	84%

Ninguém escolheu a opção "burra". Ele a excluiu da lista de opções, e observou novamente a participação de mercado (veja o exemplo a seguir).

Oferta	Preço	Participação no mercado
Assinatura on-line	$59	68%
Impressa e on-line	$129	32%

Tudo mudou! Antes, a opção mais cara era extremamente popular, mas, agora, mais de dois terços escolheram a opção mais barata. Tudo por causa da presença ou ausência de uma opção obviamente idiota que ninguém escolheu.

Se você é o economista Adam Smith, ou qualquer um de seus descendentes intelectuais que gostam de (ou precisam?) acreditar em "atores econômicos racionais", estará arrancando os cabelos agora. Se, por outro lado, você abordar a questão de uma perspectiva psicológica, fará todo o sentido.

Esta é a lógica psicológica: é realmente difícil avaliar o valor. Como decidir se 59 dólares são um bom negócio por um ano de assinatura on-line da *Economist*, ou se 129 dólares são um valor justo para as versões impressa e on-line? Quais são os termos de comparação? É aí que a opção sem sentido ajuda. A opção idiota faz com que a opção mais cara, de 129 dólares pelas versões impressa e on-line, *pareça boa*.

Você chegou a um momento existencial. Pode lamentar a ausência de racionalidade na vida econômica, ou aceitá-la e lucrar com ela. No primeiro caso, é melhor jogar este livro fora e aceitar um emprego como economista em uma universidade ou, melhor ainda, em um banco. No último caso, continue a ler, porque há muito mais para encantá-lo e enriquecer os seus conhecimentos.

OS PREÇOS DEVEM SER CONSISTENTES

Por quê? Só faz sentido diferentes clientes pagarem o mesmo se o valor que eles recebem é o mesmo. Em geral, não é o caso. O valor varia enormemente. Suponha, por exemplo, que você é um banco global. Você recebe duas dicas de fornecedores de software.

O primeiro diz:

"O sistema está com problema nas confirmações do setor administrativo. Uma parte significativa das transações que deveriam ser processadas automaticamente é rejeitada e precisa ser resolvida manualmente. Nosso produto vai reduzir a taxa de rejeição de 5% para 1%, gerando uma economia anual de um milhão de libras em custos administrativos."

O segundo afirma:

"Como chefe global de operações você é responsável por apresentar relatórios regulamentares para 17 organismos diferentes em todo o mundo. Os relatórios precisam ser entregues no prazo e estar corretos. Se você falhar, acabará fechando, como aconteceu com um banco de primeira linha no Japão recentemente. Você está com um problema concreto. Existem seis bases de dados diferentes que deveriam ser compatíveis entre si, mas esse não é o caso. Dezessete pessoas da auditoria interna estão freneticamente tentando ajeitar as coisas, enquanto você mente para todo mundo, rezando para conseguir limpar a barra antes de ser descoberto. Nosso produto será a sua salvação."

Claro que, em ambos os casos, o produto é o mesmo. O produto pode ser o mesmo, mas o valor para a organização é muito diferente. Por que você cobraria o mesmo valor?

Qualquer que seja o valor cobrado, é muito menos do que o "custo" do produto – neste caso, uma média de trinta desenvolvedores trabalhando por mais de dez anos.

Neste caso, a diferença de valor é real. Em outros casos, pode ser deduzida.

Anos atrás, eu era diretor comercial de uma empresa de consultoria de marketing e observei uma anomalia muito estranha. Fazíamos "comunicações médicas", o que significava que ajudávamos as grandes empresas farmacêuticas a lançar novos medicamentos. Trabalhávamos com cientistas que podiam analisar resultados de ensaios clínicos e identificar como desenvolver mensagens de marketing a partir deles, mensagens que teriam embasamento científico. Cobrávamos dos clientes um preço fixo por projeto e chegávamos, em média, a 150 libras por hora de análise de um projeto. Então, adicionamos um braço de "relações profissionais". Esta era uma gama de serviços bastante diferente, mas complementar. Tinha menos relação com a ciência propriamente dita e mais a ver com ajudar as companhias farmacêuticas a desenvolver relacionamentos com os principais médicos e acadêmicos do setor, ou seja, os "líderes de opinião".

As duas partes do negócio faziam coisas diferentes, mas havia uma área de sobreposição. Ambas tinham um "conselho consultivo". Envolvia reunir uma dúzia de especialistas de todo o mundo e fazê-los discutir o produto do cliente. Produzia informações úteis para o cliente e aumentava a conscientização do produto entre clínicos importantes. O sistema de determinação de preços era muito estranho.

Quando era parte de um "programa de comunicação médica", o preço era fixado com base em projetos, e ficava em torno de 150 libras por hora. Quando o trabalho era realizado por pessoas de "relações profissionais", o preço era determinado com base nas horas gastas e no preço por hora, resultando em um preço por hora de 100 libras. Note que a base por hora era na verdade uma taxa fixa – se passássemos das horas orçadas, o cliente não pagava extra.

Como explicar que a mesma atividade realizada pela mesma empresa poderia custar ao cliente 50% mais, ou menos, dependendo de como era classificada e qual departamento a realizava? Ainda mais interessante: a anomalia parecia causar mais preocupação dentro da empresa do que entre os clientes. Lembro-me de discussões internas angustiadas, mas não me recordo de comentários ou reclamações de clientes.

No caso de comunicações médicas e relações profissionais, estamos lidando com um produto personalizado que oferece possibilidades óbvias para preços diferenciados. Em nosso mundo atual, habilitado pela internet, rico em informações e livre de conflitos, não deveria haver espaço para esse tipo de diferenciação de preços quando se trata de bens que são essencialmente os mesmos em todos os mercados. Essa é a teoria, mas ninguém parece tê-la explicado aos mercados. Vamos analisar um exemplo de *business to business* ou um exemplo de consumo.

A subsidiária suíça de um dos meus clientes vende componentes de engenharia, tanto para fabricantes de equipamento original (OEMs, que fazem máquinas para vender para terceiros) quanto para fabricantes em geral, que usam as máquinas para a sua própria produção. Por uma questão de rotina, eles cobram dos OEMs 25% a mais pela mesma faixa que os fabricantes. Nao faz sentido, mas funciona.

Recentemente, procurava um piano eletrônico para o meu filho aprender a tocar. Procurei no eBay, provavelmente o mercado mais amigável ao consumidor final, de baixo custo e altamente eficiente. Encontrei um produto que parecia me atender. Notei que ele estava sendo vendido por uma loja de música em Cardiff. Eu queria ler um pouco mais sobre o piano, então encontrei o site, e fiquei intrigado ao ver que o piano estava cerca de 10% mais caro no site do fabricante do que no eBay.

Esse tipo de coisa não deveria acontecer hoje em dia, e seria prudente supor que vai se tornar mais difícil para as empresas funcionarem com modelos de preços diferenciados. No entanto, não pense que você não pode fazê-lo mesmo assim. Mesmo que o aumento da transparência torne cada vez mais difícil manter esses diferenciais de preços, isso apenas significa que você terá que mudar sua estratégia de jogo. O fabricante de componentes poderia oferecer um nível diferente de serviço ou garantia (que não necessariamente custam mais) para os OEMs. Ou a loja de pianos poderia criar uma versão para o eBay com um número de modelo diferente e de funcionalidade reduzida (desativando algumas funções, ou deixando as funções ativadas e simplesmente não informando a ninguém).

MANTER PREÇOS DIFERENCIADOS É SORRATEIRO

Talvez você ache que manter preços diferenciados seja algum subterfúgio, envolvendo algo de desonesto. O fato de que também é chamado de discriminação de preços não ajuda – "discriminação" não é uma palavra agradável. Por outro lado, você pode simplesmente assumir o ponto de vista de que se os clientes estão comprando é porque devem estar felizes, e se você está ganhando mais dinheiro, isso só pode ser bom. Se você estiver no segundo grupo, pode pular esta seção. Se estiver no primeiro, deixe que a explicação de um economista revele por que a discriminação de preços é de fato uma coisa boa – ou por que "aumenta o bem-estar", no jargão.

Veja a curva de demanda padrão do economista:

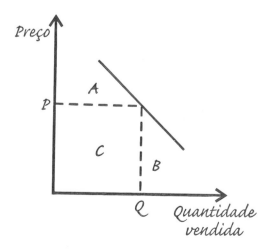

Se você precisa vender sempre ao mesmo preço, existe um preço que produz o maior lucro possível. Esse valor está marcado com P no gráfico, e resulta na quantidade vendida de Q. A quantidade total de dinheiro que você recebe é P vezes Q, que é a área marcada com C no diagrama.

A área A representa o dinheiro que você está deixando na mesa. É o dinheiro que os clientes mais dispostos a pagar teriam pago, se você tivesse estipulado um preço mais alto.

A área B representa vendas perdidas. Estes são os clientes que teriam comprado se o preço tivesse sido menor. Eles teriam sido rentáveis no preço mais baixo. O problema é que reduzir o preço teria lhe custado mais em termos de preços mais baixos para os clientes existentes do que o que você teria ganhado em vendas extras.

Se você pudesse encontrar uma forma de cobrar mais dos clientes mais dispostos a pagar e menos dos clientes menos dispostos a pagar, tratando seus clientes mais como indivíduos, sua receita subiria, e, além disso, mais clientes ficariam satisfeitos.

Imagine o que aconteceria no mercado de aviação se houvesse uma regra que determinasse que todos teriam que pagar o mesmo valor, o tempo todo, para determinada rota. Este seria um grande problema para as companhias aéreas, que estão atualmente cobrando dos clientes de classe executiva mais do que cobram de quem viaja a lazer, ou cobrando mais nos períodos de alta temporada do que nos períodos de baixo movimento, e mais por reservas de última hora do que por reservas feitas com muita antecedência.

Sob um único regime de preços, a rota pode se tornar inviável. Talvez não haja um preço único em que a companhia aérea possa alcançar um lucro adequado. O preço é alto demais, e não há passageiros suficientes, ou é baixo demais, e não cobre as despesas. O serviço para.

Portanto, a discriminação de preços não é uma estratégia de exploração horrível. É um modo de viabilizar um negócio que simplesmente não seria possível se todos tivessem que pagar o mesmo preço.

A boa notícia é que existem inúmeras maneiras de gerenciar preços diferenciados. Vamos voltar a estes aspectos mais adiante.

É PRECISO MANTER OS MESMOS PREÇOS QUE A CONCORRÊNCIA

Este é o caminho para a ruína. Assim que você decidir que será igual a todos os outros, só que mais barato, estará condenando o seu negócio. A concorrência faz o mesmo, e a rentabilidade é derrubada até o mínimo necessário para sobreviver. Até o dia em que algum idiota resolve derrubar tanto o preço que acaba perdendo dinheiro, e as empresas começam a falir. Seja realista: se o único diferencial entre o seu negócio e o de seus concorrentes é o preço, então você virou uma mercadoria e nunca vai desfrutar dos retornos de que precisa para fazer o negócio crescer, para criar novos produtos ou desenvolver sua equipe.

Há apenas uma exceção a essa regra. Faz sentido ser o mais barato se você também tem os custos mais baixos. Isso não significa ser eficiente no controle de custos. Significa algo muito mais profundo. Para entender o que significa, analisemos o bem-sucedido exemplo arquetípico de uma empresa de baixo preço e baixo custo: a empresa aérea Ryanair. A empresa alcançou enorme sucesso ao derrubar as tarifas a níveis em que somente ela conseguia ganhar dinheiro. Vejamos a estratégia da Ryanair:

- A empresa voa para os aeroportos mais baratos. Se determinado destino tem mais de um aeroporto, a Ryanair sempre escolherá o mais barato, que geralmente é o mais distante do centro da cidade.
- Tudo é padronizado. Até recentemente, a empresa operava apenas com um tipo de avião, o que reduz os custos de manutenção.
- A empresa é grande em comparação com a maioria dos concorrentes. Companhias aéreas de baixo custo menores surgiram e desapareceram, enquanto a Ryanair vai de vento em popa. Isto tem muito a ver com o seu tamanho, e respectivos poder de compra e economia de escala.
- A empresa educa os clientes a se comportarem de forma a reduzir custos. Para estimular o check-in on-line, porque isso reduz custos, a empresa cobra extra pelo check-in no aeroporto. A companhia prefere não pagar o aeroporto pelo manuseio de bagagem, por isso cobra do passageiro caso a bagagem seja despachada. Serviço de bordo custa caro, por isso, se o passageiro quiser comer ou beber durante o voo, deve pagar pela comodidade. Esta não é a abordagem de uma companhia aérea convencional para o atendimento ao cliente.
- A empresa tem como alvo um segmento específico do mercado. O passageiro da Ryanair é alguém que quer pagar o mínimo possível e está preparado para abrir mão de vários confortos em nome disso. O que não corresponde ao mercado todo. O banqueiro que precisa viajar sempre entre o centro financeiro de Londres e Frankfurt,

um passageiro lucrativo para outra empresa aérea, não vai considerar a Ryanair como opção.

➲ A empresa constrói uma cultura voltada incansavelmente para o custo. O modelo de companhia aérea de baixo custo original foi desenvolvido pela Southwest Airlines nos Estados Unidos. O CEO, Herb Kelleher, costumava dizer que era muito fácil tomar uma decisão na Southwest. Bastava perguntar: "Será que isso nos ajuda a ser a empresa de transporte mais barata entre X e Y?"

É óbvio que uma estratégia de baixo custo pode funcionar, mas você precisa ser capaz de atender a alguns critérios:

➲ Seja grande, ou torne-se grande muito rapidamente.

➲ Construa uma cultura corporativa que valorize preços baixos acima de tudo.

➲ Ignore clientes que valorizam atendimento, conveniência ou bem-estar.

➲ Provavelmente o mais importante: encontre um mercado grande o suficiente de pessoas que se preocupam unicamente com preço. Isso não significa compradores que pedem descontos (todos pedem) ou que prefeririam pagar menos se pudessem (todos preferem), mas compradores que demonstram por meio de atitudes, e não de palavras, que estão dispostos a sacrificar outras coisas em nome do baixo preço.

Se puder selecionar essas opções, talvez você tenha alguma chance. No entanto, existem riscos. O guru da estratégia Michael Porter os enumera em seu livro *Estratégia competitiva* (1980), e eu os parafraseei a seguir:

➲ Você aposta que pode ser melhor do que qualquer concorrente quando se trata de conceber processos de baixo custo. Se estiver enganado, estará encrencado.

➲ Você talvez seja capaz de realizar o processo existente de forma mais barata que qualquer outra pessoa, mas pode sofrer com mudanças de tecnologia. Se algum concorrente inventar uma forma nova e mais barata de trabalhar, mais uma vez você estará encrencado.

➲ Se você está tentando atender a um grande mercado, talvez não haja concorrentes com um foco mais estreito. Se a concorrência for mais especializada, pode pegar parte do seu mercado, otimizar seus processos com esse objetivo e produzir de forma mais barata para esse segmento. Se vários concorrentes fizerem isso em diferentes partes do seu mercado, as possibilidades de você ser bem-sucedido poderão ser substancialmente reduzidas. Isso é sério, porque, para vender mais barato, você precisa ser grande, lembra?

Para além desses riscos, lembre-se de que há espaço apenas para um fornecedor mais barato em qualquer mercado. Se você tiver mais de um candidato a esse título, a competição poderá ser baseada apenas no preço, e os resultados poderão ser uma sangrenta guerra de preços.

Ao levarmos em conta todos esses fatores, fica óbvio por que, para a maioria das empresas, a concorrência com base nos preços é, na melhor das hipóteses, uma receita para uma vida de luta inútil, com retornos achatados ao mínimo. Na pior das hipóteses, pode ser o caminho para a ruína, como tantas companhias aéreas de baixo custo descobriram recentemente.

OFERTAS MAIS CARAS PRECISAM TER PREÇOS MAIS ALTOS

Não precisam. Uma das peculiaridades da determinação de preços é que realmente pode fazer sentido gastar dinheiro para degradar o seu produto. Aqui estão alguns exemplos.

Algum tempo atrás a IBM vendia uma impressora a laser para o mercado corporativo. Custava mil dólares e imprimia dez páginas por minuto. Em seguida, uma versão da impressora foi lançada para o mercado de home office. Custava 500 dólares e imprimia cinco páginas por minuto. A única diferença entre os dois produtos era que a versão mais lenta possuía uma linha adicional no seu software que ordenava que a impressora esperasse.

Isso parece perverso na perspectiva econômica normal, mas se analisado sob a lógica de preços é brilhante. Depois de desenvolver a máquina e construir a linha de produção, a IBM pôde produzir cópias extras de forma muito barata – afinal de contas, a máquina nada mais é do que uma coleção de peças de metal e plástico. A IBM ganha vendendo o produto por 500 dólares para o mercado de pequenas empresas, desde que ainda consiga vendê-la para o mercado corporativo por mil dólares. No entanto, por mais esperta que seja, a empresa não pode simplesmente oferecer a máquina a preços diferenciados em diferentes mercados, porque os compradores corporativos perceberão a jogada em uma questão de semanas. Assim, todos passarão a comprar apenas o produto de 500 dólares, e a IBM não conseguirá retorno suficiente para cobrir seus custos de desenvolvimento.

A solução para esse quebra-cabeça, e a forma como a IBM conseguiu colocá-la em prática, foi desenvolver uma versão de menor valor; cinco páginas por minuto simplesmente não era bom o suficiente para o mercado corporativo.

Então, o que fazer?

Deve estar bastante claro agora que a determinação de preços é um campo minado psicológico ou, na minha acepção, um mundo de possibilidades. É difícil saber qual das partes é mais ilógica: será que são os compradores com o seu comportamento estranho quando se trata de fazer escolhas, ou a maioria dos vendedores com suas ideias inúteis sobre valor, custo e consistência? O homem das cavernas (discutido no Capítulo 1) está completamente fora de seu ambiente aqui, o que promete uma grande oportunidade para quem está preparado para ir além do óbvio.

A CHAVE PARA UMA DETERMINAÇÃO DE PREÇOS REALMENTE EFICAZ

Em poucas palavras, a chave para determinar preços de forma eficaz é:

> *Imagine que você lida com cada cliente como um indivíduo, e sabe exatamente o quanto cada um valoriza qualquer versão possível da sua oferta, e que o preço cobrado a qualquer cliente permanece desconhecido dos demais. Desenvolva um sistema de preços que seja o mais próximo possível desse ideal.*

Você precisa evitar dois tipos de problema:

- Um cliente que valoriza você mas que paga o mesmo preço que os demais. Esse cliente poderia pagar mais – você deixou dinheiro na mesa.

⊃ Um cliente que não valoriza muito a sua oferta e que não compra pelo preço que você cobra dos demais. Esse cliente teria sido rentável no preço mais baixo, mas você não conseguiu oferecer o produto sem que outros clientes migrassem para aquele ponto de menor preço.

Outra maneira de analisar essa questão é por meio de um diagrama:

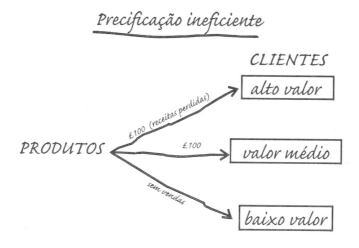

Pense se é mais provável encontrar receitas adicionais acima de sua atual faixa de preço ou abaixo dela. Vai depender do seu ramo de negócio. Consultorias ou empresas de tecnologia que resolvem problemas difíceis únicos tendem a gerar receitas adicionais cobrando mais para realizar um trabalho verdadeiramente diferenciado, enquanto hotéis e companhias aéreas são muito bons em ganhar dinheiro na base da pirâmide – pessoas que não se incomodam em fechar sua reserva no último minuto ou viajar fora do horário de pico mas que, na ausência de uma promoção realmente barata, simplesmente não viajariam.

Em seguida, pense se o valor que você oferece é criado quando você fornece os bens ou o serviço, ou se advém do trabalho realizado antes desse momento. Isto é particularmente importante se você vê potencial em ofertas de maior valor. Se você é consultor ou fabricante de equipamentos de alta tecnologia, talvez consiga resolver rapidamente um problema que tem incomodado seu cliente há anos. Isso só é possível porque você passou anos aprendendo a fazer o que faz. Esse é o valor que você entrega para o cliente, e é esse valor que deverá ser remunerado. Não tem nada a ver com o tempo que você leva para avaliar a situação específica e fazer uma recomendação, ou o custo de materiais e de montagem envolvidos no seu produto.

Depois é preciso decidir como você pode segmentar o mercado:

❶ Você pode lidar com os clientes como indivíduos? Esta é a escolha óbvia para consultorias ou projetistas de soluções de software sob medida, mas pode funcionar bem para os serviços mais simples também. Poderia, por exemplo, ser aplicada por personal trainers ou empresas de manutenção de jardins. O mais importante é que o número de clientes seja suficientemente baixo e o valor suficientemente alto para compensar o tempo necessário para desenvolver uma oferta personalizada.

❷ Se você não consegue lidar com os clientes como indivíduos, pense em dividi-los em grupos diferentes, cada um com uma ideia diferente sobre valor. Companhias aéreas fazem isso quando oferecem tarifas alternativas para executivos e turistas (separando os viajantes executivos das tarifas promocionais de turismo, exigindo pernoite de sábado).

❸ Se você não consegue identificar grupos lógicos, aplique a solução do Starbucks: ofereça três opções e deixe os clientes criarem a separação.

Agora você está pronto para determinar como vai lidar com o seu mercado.

Se você trata seus clientes como indivíduos, é uma questão de entender o verdadeiro valor do que você fornece. Isso provavelmente significa falar mais com o cliente para entender exatamente quais são seus desafios e como você contribui para alcançá-los. Analise a situação como um processo em que todos saem ganhando; você talvez consiga cobrar mais pelo que já está fazendo – e isso é bastante justo se está entregando valor –, mas o verdadeiro potencial vem de encontrar outras maneiras de ajudar o cliente. O cliente pode estar comprando componentes e tentando encontrar meios de torná-los um sistema funcional. Talvez você possa ajudá-lo.

Se você tem tantos clientes a ponto de precisar dividi-los em grupos, primeiro é preciso determinar os grupos e, em seguida, encontrar maneiras de oferecer diferentes versões para os diferentes grupos. Aqui estão alguns exemplos, com formas alternativas de separar o mercado.

⮕ Diferentes níveis de urgência. Por exemplo, provedores on-line de informações sobre preços de ações atuam em diferentes mercados. Um mercado é dos negociadores, que precisam de informação detalhada e atualizada, e pagam muito bem por isso. O outro é de pessoas que estão interessadas, mas de forma mais casual, ou querem apenas acompanhar o desempenho de sua carteira de vez em quando. Para essas pessoas os provedores de dados licenciam as informações para sites a preços muito mais baixos. Essa informação é sempre adiada por pelo menos 15 minutos, de modo que não tem utilidade para os negociadores. O comércio de livros usa a mesma abordagem. A edição em capa dura é o dobro do preço da edição em brochura, não porque custa o dobro, mas porque existe um mercado que paga 15 libras ou mais para ter acesso imediato a determinado romance. Há também um mercado maior que está preparado para esperar pela edição em brochura.

➲ Níveis diferentes de desempenho. Como as impressoras a laser IBM descritas anteriormente: dez páginas por minuto por mil dólares; cinco páginas por minuto por 500 dólares.

➲ Diferentes níveis de qualidade. As agências de bancos de imagens utilizam essa abordagem. Alguém interessado em obter uma imagem para um folheto com papel lustroso precisa de uma imagem de alta resolução e está fazendo um investimento maior do que alguém que utiliza a mesma imagem em uma página da web. A imagem de mais alta resolução é, portanto, mais cara. Note-se que o custo para a agência é maior para a imagem de baixa resolução – a imagem é fornecida em alta resolução e medidas adicionais são necessárias para produzir a versão de mais baixa resolução.

Finalmente, se você não consegue dividir o mercado em grupos significativos desta forma, ofereça opções, como a Starbucks, que oferece tudo em três tamanhos. Três é um número muito bom por profundas razões psicológicas. Há pesquisas que mostram que se você começar com duas opções, tamanho normal e grande, e adicionar uma terceira, extragrande, vai aumentar as vendas, *mesmo que ninguém compre a opção extragrande*. Os clientes vão migrar do tamanho normal para grande, porque o grande já não é tão grande assim. Grande agora é médio, e a maioria das pessoas se sente mais confortável no meio. É o princípio da aversão aos extremos ou, mais coloquialmente, o princípio da Cachinhos Dourados, a menina no conto de fadas que comeu o mingau que não estava nem muito quente, nem muito frio, simplesmente na temperatura certa.

Depois de implementar seu esquema *à la* Cachinhos Dourados, preste muita atenção às proporções em que as pessoas compram. Se muitos clientes escolhem a maior das três opções, introduza outra versão ainda maior. Se todos estão escolhendo a menor opção, você provavelmente ainda está perdendo clientes, por isso vale a pena lançar uma versão ainda menor.

Trate todas essas novas ideias de preços como experimentos. Esteja preparado para modificá-los à luz da experiência. Observe que algumas abordagens, como a oferta de uma opção de maior valor, além da oferta existente, são livres de risco. Não há como perder vendas (como poderia acontecer se você aumentasse todos os preços) – o pior que pode acontecer é ninguém comprar a opção de maior valor.

ARMADILHAS CONTRA AS QUAIS SE PREPARAR

Algumas pessoas consideram esses princípios fáceis e intuitivos. Rapidamente se familiarizam com eles para aumentar seus lucros e satisfazer mais clientes. Outras enfrentam dificuldades ou acabam se rebelando. Se você está no último grupo, vale a pena ter uma boa conversa com o seu homem das cavernas interior. Aqui estão algumas formas como as armadilhas do pensamento da Idade da Pedra poderiam estar atrapalhando.

❶ "É mais difícil do que a minha abordagem atual." Sim, pensar sobre como os clientes são diferentes uns dos outros, como eles valorizam a sua oferta e como refletir isso no que você faz é um trabalho mental difícil. Console-se com a ideia de que esse provavelmente é o trabalho mental mais valioso que você poderia fazer em seu ramo de negócio. Boa parte envolve evitar a incerteza.

❷ "É arriscado. Você quer que eu fixe preços com base no que eu acho que os meus clientes pensam? Parece esquisito. Provavelmente vou me atrapalhar." Mais uma tentativa de evitar a incerteza. Sim, você vai errar. Chama-se experimentação. Há modos de conter o risco. Se você não se sentir confortável aumentando preços, tente identificar os clientes que realmente valorizam a sua oferta e ofereça a eles uma versão mais cara. Então, o pior que poderá acontecer será ninguém aceitá-la, e você aprenderá algo útil. Ou implemente um esquema de preços ao estilo Cachinhos Dourados com sua oferta existente como a menor opção.

❸ "Aumentar os preços vai me fazer perder clientes." Esta é uma reação de reflexo. Você provavelmente está sofrendo de influência do *status quo*. Lembre-se de que, se o seu esquema de preços existente não segue os princípios descritos aqui, provavelmente, está lhe custando dinheiro. Você está perdendo a oportunidade de atender aos clientes de menor valor, e deixando dinheiro na mesa com os de alto valor.

CAPÍTULO 3

CORTE DE CUSTOS

CORTAR CUSTOS É UMA BOA MANEIRA DE AUMENTAR OS LUCROS

Quando os lucros são baixos, o corte de custos parece ser uma estratégia popular. Para alguns, é quase a única estratégia. Será mesmo? Pode não ser a coisa certa. Mesmo que seja, ainda há muitas formas como pode dar errado. Vamos parar e pensar.

Aqui está o processo de pensamento básico:

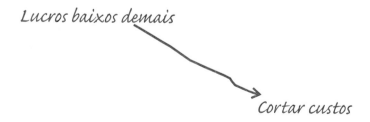

Tem o mérito da simplicidade, mas é um pensamento da Idade da Pedra. Vem da mesma parte do cérebro que os nossos antepassados usavam quando, ao andar pela floresta escura, eram confrontados por um tigre-dentes-de-sabre. É assim: "Animal grande e assustador – muitos dentes – lutar ou fugir, decida *agora*." Na verdade, os nossos antepassados da Idade da Pedra estavam sendo mais sofisticados do que os cortadores de custos atuais; pelo menos os mais espertos, os que sobreviveram tempo suficiente para se reproduzir e virar nossos antepassados, consideravam duas opções. Vamos honrar essa herança e usar o poder de pensamento que desenvolvemos desde então.

Aqui está a imagem completa. Lembre-se do ponto mais importante: você não quer cortar custos. Quer aumentar os lucros. A redução de custos é apenas uma das opções a considerar.

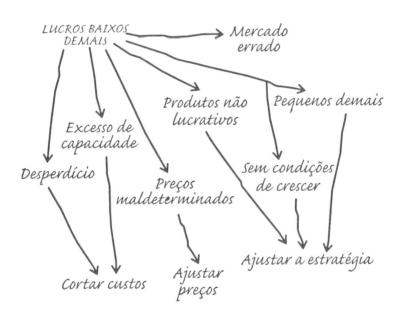

Certo, esta imagem é um pouco mais complicada do que a anterior. Por outro lado, em comparação com, por exemplo, programar o seu gravador de DVD, ainda é bastante simples. Agora podemos ver que existem sete possíveis diagnósticos, dois dos quais levam a uma receita de redução de custos e cinco dos quais levam a outros caminhos. Vamos analisá-los para poder identificar se fazem parte do problema, e como lidar com eles. Em primeiro lugar, deixe-me dar um conselho inestimável.

A regra de Mike para retorno do investimento

Se os seus olhos estão começando a embaçar, você tem a minha permissão para pular o restante do capítulo, contanto que leia esta seção.

Conheci Mike cerca de dez anos atrás. Ele era (ainda é) um investidor de private equity, e eu era diretor financeiro de uma de suas empresas. Mike comparecia a todas as reuniões do conselho, e, geralmente, ficava em silêncio até que alguém dissesse que precisávamos gastar algum dinheiro.

"Todo dinheiro gasto é uma decisão de investimento", ele nos lembrava. "Não importa se está no orçamento, ou se você gastou o mesmo montante no ano anterior, ou se Fred pediu demissão e você precisa recrutar um substituto do mesmo nível. A única razão para gastar dinheiro é porque ele vai gerar um retorno do investimento, ou seja, você receberá de volta mais do que gastou."

Aplique esta regra e você estará sempre no topo. Às vezes, a regra determina que é necessário cortar custos de forma mais drástica do que você jamais teria pensado. Em outros momentos, ela determinará que você gaste mais, porque vai produzir mais.

Tenha essa regra em mente enquanto nós analisamos as diferentes áreas.

Desperdício

Empresários adoram o desperdício – dá a ideia de que eles podem aumentar os lucros, com algumas medidas simples e pouco polêmicas. Era uma ideia popular na campanha eleitoral de 2010 também – reduzir o déficit sem cortes desagradáveis aos serviços ou aumentos de impostos, reduzindo o desperdício no setor público. Isso não convenceu muita gente, como disse um comentarista no jornal: "Amanhã, o ministro das Finanças, Alistair Darling, fará pelo menos uma reivindicação irrealista. Ele dirá que os cortes brutais no setor público não precisam prejudicar os serviços de primeira linha. O motivo é a fadinha do dente. Todas as noites ela ilumina o seu travesseiro e transforma 11 bilhões de libras em cortes em 11 bilhões de libras de ganhos de eficiência. Essa fada agora é a santa padroeira da política."

Então, será que é possível causar um grande impacto sobre o desempenho nos negócios reduzindo o desperdício? Existem exemplos, mas o fato de que eu tive que voltar muito no tempo para encontrar um é revelador. É o exemplo do falecido grande Arnold Weinstock, da GEC.

Ao longo dos anos 1950 e 1960, Weinstock construiu um império através da aquisição de empresas mal-administradas e, entre outras coisas, eliminando o desperdício. O problema é que isso foi naquela época, mas hoje em dia é diferente. Uma de suas aquisições mantinha um grande armazém perto da Strand, bem no meio do centro de Londres. Mesmo para os padrões da época, a ideia era bem idiota, mas esse tipo de oportunidade de melhoria simplesmente não existe mais. Mesmo na década de 1980 era difícil. Na época, a GEC era muito bem-sucedida, famosa por possuir muito dinheiro. Os acionistas, no entanto, teriam preferido que a empresa investisse o dinheiro em crescimento, mas a GEC parecia ter ficado sem ideias. Talvez simplesmente não houvesse tanto desperdício para eliminar mais.

O desperdício hoje em dia, se ainda existir, está muito bem-entrincheirado. Veja, por exemplo, o caso da British Airways, que atualmente luta contra o fato de que, por razões históricas, paga à sua tripulação de cabine até o dobro do que as rivais de baixo custo pagam. Desperdício óbvio, mas difícil de resolver. A empresa pode argumentar que seus salários estão muito fora dos padrões atuais, mas os funcionários construíram suas vidas supondo que ganhariam esses salários até a aposentadoria. Eles não vão desistir sem lutar, e isso poderia causar à British Airways graves e permanentes danos.

A diretoria tem um ponto válido, mas talvez não consiga fazer seu ponto de vista valer. Um comentarista de rádio, quando perguntado sobre o que o presidente-executivo da BA, Willie Walsh, estaria fazendo para se preparar para as greves, deu uma resposta muito interessante: "Se eu fosse ele, passaria muito tempo com meus acionistas, porque eles podem estar começando a pensar que Walsh é o problema."

Acho que você já deve ter percebido que não acredito em desperdício. Na verdade, considero que o desperdício é como o trabalho doméstico. A sujeira (ou o desperdício) acumula o tempo todo, e você está constantemente limpando. Faz de sua casa um lugar mais agradável para se viver, mas nenhuma quantidade de limpeza, lavagem ou polimento vai transformar o seu apartamento de três quartos no Palácio de Buckingham.

Excesso de capacidade

Isso é mais interessante. Em algumas empresas, é fácil detectar se você tem excesso de capacidade. Se você é uma empresa de serviços profissionais, através das planilhas que todos preenchem conseguirá saber se você tem trabalho suficiente para manter todos ocupados. Se você é motorista de táxi, saberá se está gastando tempo demais esperando no ponto ou circulando vazio, em vez de andar com passageiro e com o taxímetro rodando. Em muitas outras áreas, no entanto, o excesso de capacidade pode ser mais difícil de detectar, e, portanto, maior será a oportunidade.

Deixe-me dar alguns exemplos.

Eu era diretor comercial de uma consultoria de marketing, parte de um grande grupo editorial com ações negociadas na Bolsa. Minha empresa tinha começado a vida como uma editora antes de evoluir para uma consultoria. Dada a sua herança editorial, ninguém prestou atenção à pergunta: qual a relação entre o nível de receitas e o número de pessoas empregadas? Depois que fiz a pergunta, vi que a resposta não era difícil. Três fatos bastante surpreendentes surgiram:

- Tínhamos 25% a mais de funcionários do que precisávamos para realizar o trabalho.
- Apesar disso, todos pareciam muito ocupados o tempo todo.
- Apesar disso, os nossos lucros eram muito bons.

Isso criou um dilema para mim: mencionei ao grupo que tínhamos uma equipe tão grande? Eu decidi não dizer, mas garantir que o problema se resolveria ao longo do tempo através de crescimento e do desperdício natural. Se eu tivesse dito a eles, provavelmente teríamos sido instruídos a dispensar algumas pessoas, o que não teria sido divertido e poderia muito bem ter causado problemas reais. Embora tivéssemos mais funcionários do que precisávamos, todos estavam sempre muito ocupados, quando necessário, com atividades inúteis. Tínhamos que nos livrar das atividades inúteis, a fim de entregar os projetos do cliente com o número certo de pessoas. Eu preferia que fizéssemos isso em nosso próprio tempo.

Você talvez não aprove a minha abordagem aqui, mas vamos supor que seja muito comum em grandes organizações. Desde que os resultados sejam bons, ninguém vai admitir que existe excesso de capacidade. Muitos nem sequer percebem que existe. Os melhores, pelo menos, vão identificá-lo e decidir fazer alguma coisa a respeito em nível particular. Esse comportamento é a consequência lógica da estrutura de incentivos em muitas organizações, e essa compreensão me transformou de caçador ilegal em guarda-caça muito eficaz. Eu tenho senso para excesso de capacidade, e posso captá-lo, mesmo quando é invisível para quem administra o negócio, como no exemplo a seguir. Valeria a pena desenvolver a mesma habilidade. Aqui está outro exemplo para ajudar a fazer exatamente isso.

Um negócio de impressão especializada usava diversos processos diferentes para imprimir em todos os tipos de materiais diferentes. Um dos principais fatores que contribuíam para os custos, ainda que não necessariamente para as receitas, era um conjunto de grandes prensas litográficas Heidelberg. Esta era uma área óbvia para questionar a capacidade um enorme custo fixo, que exigia supervisão 24 horas por dia. O diretor de finanças começou a desconfiar da sua utilização – toda vez que ele via as máquinas, elas estavam ociosas. No entanto, isso não era prova suficiente. Ele não podia passar a vigiar as máquinas 24 horas por dia, durante um mês, mas será que havia uma maneira de provar ou não sua suspeita? Parece que sim. Era muito fácil descobrir quantas folhas de papel tinham sido usadas no mês anterior.

Fazendo algumas estimativas sobre o tamanho dos trabalhos de impressão e a velocidade em que eram enviados, ficou claro que as máquinas estavam operando entre um terço e metade da capacidade. A ironia era que o chefe do departamento estava ficando muito animado com a possibilidade de aumentar a velocidade da Heidelberg de 10 mil para 12 mil folhas por hora. Na verdade, ele poderia ter desligado metade das prensas ou operá-las na metade da velocidade e, ainda assim, terminar o trabalho no prazo.

Pode ser bem complicado avaliar até que ponto as operações estão atingindo a capacidade plena, mas existem certos pontos a serem verificados. Calcule a taxa de atividade e compare-a com outros pontos de referência, se houver. Mesmo se você não conseguir encontrar comparadores externos, pode ser revelador apenas para ver o que está acontecendo. Aqui estão alguns dados de um estudo realizado por uma empresa de engenharia na Espanha com comentários:

1. Cada vendedor administra quarenta contas – certamente eles podem gerenciar mais do que isso.
2. O pessoal de atendimento ao cliente processa 25 linhas de pedidos por dia cada – provavelmente não é ruim, já que muitas vezes eles precisam se informar sobre o componente exato necessário, e em 20% do tempo precisam encomendar a peça necessária de um outro fornecedor.
3. Três funcionários do armazém selecionam e distribuem 75 linhas de pedidos (25 embarques) por dia – muito bom, tendo em conta que eles também montam as peças e fazem o trabalho de manutenção, mantendo ao mesmo tempo um serviço muito rápido.

Os comentários não têm nenhuma base científica, baseando-se apenas em intuição. No entanto, oferecem alguma orientação. Não há motivo para comparar os pontos 1 e 3, pois o 1 é, obviamente, muito baixo, e o 3 está quase certamente bom. Posso me concentrar na análise do ponto 2, e tentar encontrar alguns comparadores externos.

O essencial sobre o excesso de capacidade: pode existir de forma substancial e oferecer uma oportunidade válida de redução de custos. Quanto mais difícil for quantificar a utilização, e quanto menos informação estiver disponível, maior será a oportunidade.

Antes de começar a coleta maciça de novos dados, seja inteligente. Trabalhe com base em "hipóteses". Isto é, no linguajar dos consultores, sinônimo de ter uma mente desconfiada, desenvolver hipóteses por intuição e ser criativo para encontrar as informações a fim de confirmá-las ou rejeitá-las. Não espere que alguém lhe informe sobre a existência de excesso de capacidade. Mesmo se estiver mais do que evidente, talvez não tenham notado. Mesmo se tiverem, não vão admitir.

Preços maldeterminados

Em outras palavras, preços que deixarão você pobre. A determinação de preços oferece muitas e muitas oportunidades para melhorar a rentabilidade, muitas delas muito mais fáceis, mais rápidas e com menor risco do que tentar reduzir os custos. É por isso que tivemos um capítulo inteiro sobre isso no início do livro. O aspecto mais importante é abandonar a determinação de preços de mais alto custo e pensar muito sobre valor. Se a rentabilidade está sumindo, pode ser porque as ideias dos clientes sobre valor estão mudando. Se for o caso, você precisa entender como elas estão mudando e ajustar sua abordagem.

A segunda coisa a fazer com os preços é certificar-se de que você tem tudo sob controle. Uma vez trabalhei com um grupo editorial de revistas que havia perdido completamente o controle sobre os preços da publicidade. Eles pediram mais volume para a força de vendas e responderam com uma orgia de descontos. Estavam vendendo páginas a 20% da taxa de alguns de seus concorrentes – ou seja, pelo preço de uma página em uma publicação concorrente, a revista lhe daria cinco páginas. É particularmente fácil entrar nessa confusão quando os tempos são difíceis e os clientes estão pressionando. Resista, ou se arrependa por anos.

Pontos de ação sobre preços

Quando os tempos estiverem difíceis, você deve:

❶ *Ter total controle sobre o processo de determinação de preços* – passar o controle para um nível acima na hierarquia, digamos, do representante de vendas para o gerente de vendas, ou do gerente de vendas para o diretor de vendas, ou do diretor de vendas para o diretor financeiro, pode ser uma boa – e *enfrentar a pressão para reduzir os preços.*

❷ *Desvincular os preços dos custos* – ou então acabará com suas suadas economias.

Você não pode se dar ao luxo de investir

Aqui chegamos a um dos riscos mais insidiosos da redução de custos. Aqui você pode sucumbir à ilusão, produzir resultados aparentemente ótimos, mas prejudicar permanentemente o negócio.

Para ver isso ilustrado em grande escala, vamos analisar as realizações de outro grande empresário britânico, lorde Hanson. Tenho menos admiração por Hanson do que por Arnold Weinstock. O império de Weinstock baseou-se em fundamentos sólidos, mas chegou ao fim, porque seus sucessores jogaram-no fora em empreendimentos grandiosos em telecomunicações. O de Hanson, por outro lado, foi construído sobre areia, e sucumbiu, inevitavelmente, devido às suas próprias contradições. Provavelmente, este é o melhor exemplo disso nos últimos cem anos.

Um dos principais fatores que Hanson procurava ao identificar alvos para aquisição era a oportunidade de reduzir custos. Se as despesas de capital da empresa-alvo eram maiores do que sua depreciação, ou seja, se a aquisição de novos equipamentos ou sistemas ocorresse antes que o equipamento depreciasse, isso era interessante. Se gastasse muito em pesquisa e desenvolvimento, isso era bom, porque significava que Hanson poderia reduzir esses gastos para aumentar os lucros. Sedes luxuosas também eram um bom sinal.

De um ponto de vista, todos esses elementos são iguais oportunidades de redução de custos e, assim, de aumento de lucros. De outro ponto de vista mais inteligente, no entanto, eles são fundamentalmente diferentes. Mudar para um local mais barato ou se livrar do jatinho corporativo é apenas uma economia de custos. Reduzir o dispêndio de capital ou o investimento em pesquisa e desenvolvimento é sacrificar o futuro da empresa para o curto prazo imediato.

A história da Berec, fabricante das pilhas Eveready (lembra-se delas?), é uma verdadeira lição. Hanson comprou a Berec em um momento em que a mudança técnica na indústria de pilhas estava acelerando, e o negócio vinha se internacionalizando. A empresa, ignorando essas duas tendências, era administrada com foco no lucro de curto prazo, logo antes da venda. Os novos proprietários relataram que a empresa estava "um certo número de anos atrasada... um negócio em declínio... toda a infraestrutura era muito fraca...".

Então, Hanson partiu realmente para a "colheita": adquirir o que outros tinham construído e transformá-lo em dinheiro. Esta abordagem seria mais ou menos assim:

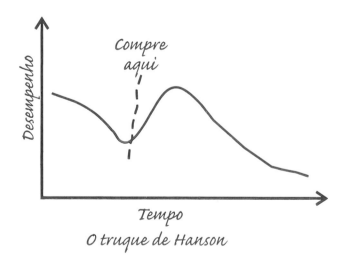

O truque de Hanson

No início, tudo parece maravilhoso. Então, as coisas começam a entrar em declínio. Se você é um conglomerado aquisitivo, porém, pode corrigir o problema com uma nova aquisição:

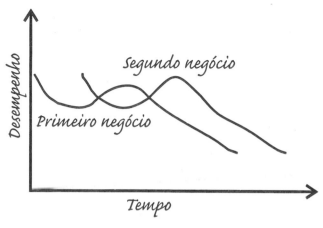

O truque de Hanson – Passo 2

Depois de alguns anos, é claro, você topa com o mesmo problema, e por isso precisa de uma terceira aquisição:

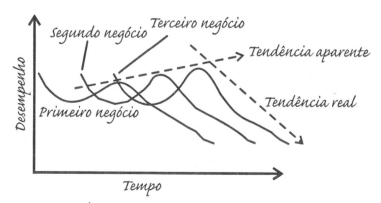

O truque de Hanson – Passo 3 para o Passo N

Depois de algum tempo, os mesmos problemas voltam a ocorrer, então uma quarta aquisição é feita... mas agora você vê o problema real. Você criou um esquema Ponzi, um pouco como Bernie Madoff. Você tem que continuar a fazer aquisições cada vez maiores apenas para manter o show na estrada.

Isso aconteceu com Hanson em 1991, quando tentou adquirir a ICI. Não havia lógica naquilo, nenhum argumento sólido sobre como Hanson poderia melhorar esse negócio. Não conseguiu, e sua credibilidade nunca se recuperou.

Esse truque funciona melhor, e por mais tempo, se você for um grande conglomerado com gestão carismática, com apoio oficial e relatórios financeiros obscuros. Para uma pequena empresa, a implosão virá mais cedo. Às vezes, pode ser pior do que uma implosão – pode ser uma explosão.

Em 2005, uma explosão na refinaria da BP no Texas matou 15 pessoas e feriu mais de 170. Uma investigação por parte da Comissão de Segurança Química do governo norte-americano descobriu equipamentos ultrapassados, tubulação corroída prestes a explodir e alarmes de segurança que não funcionavam. O presidente da comissão estabeleceu uma ligação direta entre essa situação alarmante e a determinação da BP para que seus gerentes de instalação reduzissem custos fixos em 25%.

Felizmente, é pouco provável que a sua empresa viesse a matar alguém por sua falta de vontade de investir no futuro. No entanto, poderia facilmente matar as receitas. Uma consultoria descobriu isso, de forma muito dolorosa. A empresa teve uma reunião de avaliação do primeiro trimestre com a matriz. As vendas estavam se materializando lentamente, e os lucros se mantinham abaixo do previsto no orçamento. A previsão era aumentar a força de vendas, mas não fora possível concluir a contratação.

A diretoria do grupo determinou que o processo fosse cancelado – mesmo se contratassem novos funcionários de vendas, um ciclo de vendas levaria nove meses, e não haveria tempo hábil para vender nada no exercício fiscal em curso. A rentabilidade do ano corrente foi salva. O "longo prazo", nesse caso, eram seis meses. Na reunião de orçamento no outono seguinte a empresa teve dificuldades com o baixo crescimento das vendas projetado para o ano seguinte. Lembra-se daqueles funcionários de vendas que não foram contratados seis meses atrás? Eram eles que gerariam crescimento.

Pontos de ação para o futuro

- ➲ *Seja sincero* consigo mesmo (quero dizer, realmente sincero) sobre que tipo de gasto sustenta a atividade atual e que tipo de gasto cria o futuro.

- ➲ *Seja realista* sobre as compensações entre o presente e o futuro – reconheça que o desempenho a curto prazo vem, em certa medida, à custa de crescimento e desenvolvimento a longo prazo. Procure encontrar um meio-termo, em vez de tentar fingir que ele não existe.

- ➲ *Seja claro* – na equipe de gestão, entre as partes interessadas – sobre o equilíbrio entre o desempenho de curto prazo e a prosperidade de longo prazo. Esteja preparado para algumas discussões complicadas, pois esta é uma questão de valores, e não de lógica. É sobre o que você quer, e não a melhor maneira de consegui-lo. Você talvez precise ajustar a balança mais para o curto prazo, mas, a menos que esteja enfrentando uma crise real (isto é, uma ameaça real à sua sobrevivência empresarial), não negligencie o futuro.

O mercado errado

Este problema também poderia ser chamado, um tanto cruelmente, de "os clientes não se importam". Não há nada de intrinsecamente errado com o produto, só que o mercado não o valoriza.

Tomemos um exemplo da indústria da aviação. Escrevo isso em um dia frio e úmido de inverno, então pensei que me animaria, começando a planejar minhas férias de verão. Estou pensando em viajar para a Toscana, então procurei voos de e para Pisa nas duas primeiras semanas de agosto. Acontece que há três opções de voos diretos: Ryanair de Stansted, Easyjet de Luton e British Airways de Gatwick.

Escolhendo os voos em horários civilizados, estes foram os preços:

Ryanair – 150 libras

Easyjet – 147 libras

British Airways – 207 libras

Qual devo escolher? Se a minha viagem é a negócios (isto é, outra pessoa paga), eu sempre escolho a BA, em vez da Ryanair ou Easyjet. É uma experiência mais agradável. De férias, no entanto, estou inclinado a escolher a mais barata – somos uma família de cinco pessoas, e a economia é significativa.

Temos que nos perguntar por que a BA voa para Pisa, afinal de contas. A Toscana não é exatamente um grande centro comercial, em nenhuma época do ano, e em agosto qualquer negócio não relacionado com o turismo está fechado.

Embora a BA esteja cobrando tarifas mais elevadas, suspeito que, enquanto a Ryanair e a Easyjet estão lucrando com essa rota, a BA não está. Suas raízes estão naquela época distante, quando viajar de avião era um luxo, e parte do legado permanece – por exemplo, como observado anteriormente, a tripulação de cabine mais sênior da BA ganha o dobro do salário que é pago pela Ryanair ou pela Easyjet.

O essencial para a BA é que: a empresa está estruturada para fornecer uma experiência superior, algo que atraía pelo menos um viajante de negócios (eu) o suficiente para que ele esteja disposto a pagar mais por isso (a menos que seus clientes realmente insistam). Precisa operar rotas em que existam números decentes de executivos que viajam a negócios, e não aquelas dominadas por turistas que querem apenas o menor preço. Nova York, certamente. Milão, muito provavelmente. Pisa, improvável.

O exemplo da companhia aérea é óbvio – óbvio o suficiente para que eu seja capaz de dissecá-lo estando de fora desse ambiente. Às vezes, porém, o mesmo fenômeno – clientes que se preocupam em um contexto e não se importam em outro – pode ser mais difícil de detectar, e você pode precisar se empenhar para descobrir o que está acontecendo. Uma consultoria de marketing fez isso e chegou a uma surpreendente conclusão.

O core business estava ajudando empresas farmacêuticas a usar seus dados clínicos para desenvolver mensagens de marketing. Eles tinham dados maciços de ensaios clínicos, que usavam para obter a aprovação de novos produtos. O trabalho da consultoria era analisar os dados e ver como poderiam ser utilizados em termos de marketing. Havia provas que tornavam o medicamento ideal para pacientes com problemas renais? Ou talvez fosse possível demonstrar que, embora não fosse melhor do que os produtos dos concorrentes em adultos, tinha menos efeitos colaterais nos pacientes acima de 75 anos?

Se a consultoria pudesse fazer isso, seria valiosíssimo para seus clientes. A empresa estava lançando novos medicamentos em que haviam investido centenas de milhões de libras. O mercado era geralmente competitivo, por isso a diferença entre um bom e um mau lançamento representava centenas de milhões de libras ao longo de sua vida útil.

A outra razão pela qual a consultoria era valiosa era que só ela poderia fazer isso. Era preciso entender de ciência e de marketing. Ela empregava pessoas com doutorado em temas como bioquímica, que também entendiam de marketing farmacêutico. Ninguém nas empresas farmacêuticas tinha essa combinação de conhecimentos. Claro que empregava também milhares de cientistas de todas as disciplinas, mas eles não trabalhavam com o lado do marketing. O pessoal de marketing não tinha formação científica. A consultoria estava em uma posição única, então, por que mostrava dificuldade em ganhar dinheiro?

A resposta era que a empresa atuava em dois mercados, em vez de um. Analisando a rentabilidade de todos os projetos realizados ao longo dos últimos três anos, viam-se algumas diferenças muito grandes. Às vezes, era um trabalho "científico" – análise de dados, e ajudar os clientes a comunicá-los à comunidade internacional de médicos cujo endosso (ou falta de endosso) iria influenciar enormemente o sucesso do produto. Outras vezes, era um trabalho de "marketing" propriamente dito, como material de apoio para os representantes farmacêuticos usarem em suas visitas regulares aos médicos. Superficialmente, esses diferentes tipos de trabalho pareciam todos iguais, mas havia uma *diferença fundamental no estado de espírito do cliente e, portanto, em sua disposição em pagar.*

Para o trabalho científico, o cliente pensava o seguinte: "Como vou lidar com todos esses dados que eu não consigo entender? Ainda bem que você está aqui." Eles estavam perdidos, e a consultoria estava ali para resgatá-los. Com relação ao material de marketing, por outro lado, os clientes sentiam-se mais seguros. Era algo do tipo: "Eu mesmo poderia fazer o trabalho, mas não tenho tempo. Posso terceirizá-lo para alguns palhaços." Muitas vezes eram as mesmas pessoas, mas em diferentes contextos.

O essencial nesse caso é: se você for qualquer outra coisa que não a empresa mais barata, de menor custo e mais animada do mercado, existem clientes por aí que simplesmente não darão a mínima para a superioridade de sua oferta e não vão pagar mais por isso. Não leve para o lado pessoal, mas não tente vender para eles.

Pontos de ação para os clientes

Tenha certeza de que todos estão de acordo quanto às respostas a duas perguntas:

❶ O que vamos oferecer?
❷ Quem se importa?

A resposta para a primeira poderia ser:

➲ *Qualidade superior* – e não alta qualidade, pois todos oferecem isso; quero dizer qualidade superior à dos concorrentes de uma forma quantificável.
➲ *Serviço superior*

➲ *Entrega mais rápida*
➲ *Preços mais baixos*

A segunda pergunta significa: quem se importa o suficiente com o nosso diferencial a ponto de pagar mais por isso, ou de nos escolher em vez dos concorrentes?

Se o produto não corresponder ao mercado, nós quebramos a regra de retorno do investimento de Mike – estamos gastando dinheiro para sermos superiores sem produzir um retorno na forma de maiores vendas ou preços mais elevados.

Os produtos errados

Muitas vezes, vejo empresas vendendo produtos que custam caro. Há toda uma série de razões pelas quais os produtos podem não ser lucrativos. As razões podem variar, mas o resultado final é o mesmo: às vezes, os produtos são apenas inerentemente não rentáveis, e a redução de custos não vai resolver o problema. A maneira de resolver o problema é encontrar os produtos ruins e corrigi-los, ou eliminá-los. Descobri que essa é uma forma muito significativa de aumentar a lucratividade, e não estou sozinho nisso. Eu conversava recentemente com alguém que dirige uma grande carteira de private equity, que me disse que este também era um elemento central de sua abordagem.

Tendo em conta que sua carteira de produtos pode estar infestada com artigos que dão prejuízo, como identificá-los e eliminá-los? Aqui estão algumas das razões, e as pistas que você pode procurar para identificar os culpados.

Eles são commodities. O mesmo artigo, ou algo muito parecido com ele, está disponível em diversos fornecedores.

Os clientes não se preocupam com as diferenças entre os fornecedores, e procuram apenas o mais barato. Neste caso, somente um fornecedor pode estar ganhando dinheiro. Em alguns casos, pode ser que ninguém esteja ganhando dinheiro. Como você pode identificar se a sua carteira de produtos contém alguns desses artigos? Uma conversa honesta com a força de vendas deve bastar. Quais são as linhas que estão facilmente disponíveis de seus concorrentes? Quais são as linhas em que os clientes tomam decisões unicamente com base no preço? A menos que você esteja absolutamente certo de que possui os menores custos na indústria, tem pelo menos motivos para suspeitar que está perdendo dinheiro com essas linhas.

Eles nunca foram devidamente orçados. Parece estranho, mas a gente vê isso o tempo todo. Notoriamente, o Mini original, lançado em 1959, era um carro extremamente bem-sucedido, mas não lucrou nada para a então British Motor Corporation. Os custos não foram calculados corretamente, e o preço de venda era baixo demais. Um dos meus clientes, uma empresa de logística na Bélgica, tinha passado por um período de fixação dos preços dos contratos com base em pouco mais do que intuição. Não foi surpresa, então, o fato de que, quando finalmente decidiu fazer um estudo de rentabilidade adequado, a empresa descobriu que um contrato lhe custava 20% do volume de negócios. Se alguns de seus produtos precisam de personalização, e você não tem um sistema de custeio adequado, alguns deles provavelmente representam custos. Se muitos elementos diferentes passam pelo mesmo processo de produção e você não tem uma boa maneira de alocar o custo do processo, parte do que sai provavelmente não é lucrativo.

São o que Peter Drucker chama de "especialidades injustificadas". Eles têm complicações que outros produtos não têm, o que os tornam mais caros de fabricar, e não mais valiosos para o cliente por causa disso. Assim, o cliente não vai comprar a um preço que cubra os custos.

Pontos de ação para os produtos

Torne-se um detetive de produtos. Sua hipótese de trabalho é que alguns artigos da carteira de produtos estão lhe custando dinheiro. Sua tarefa é encontrá-los e lidar com eles. Use as dicas acima *para fazer uma análise detalhada e agir.*

Outra maneira realmente ruim de cortar custos

Imagine o seguinte: "Para planejar nossa redução de pessoal, vamos escrever os nomes de todos os funcionários na parede. Depois, vou fechar os olhos e jogar dardos. Os atingidos pelos dardos deixarão a empresa. O processo será quase aleatório, mas vamos influenciá-lo um pouco escrevendo os nomes dos melhores funcionários em letras um pouco maiores para que tenham mais chances de sair."

Sim, parece loucura. Mas é assim o tempo todo. Chama-se congelar o recrutamento. Pare de contratar e espere o pessoal sair espontaneamente, até conseguir reduzir os quadros de forma indolor (!). Não é difícil enxergar os problemas. O processo é aleatório. Você decidiu que é preciso fazer mais marketing e menos vendas, mas se um funcionário de primeira linha do marketing pedir demissão e outro funcionário medíocre do departamento de vendas não se demitir, você acabará reduzindo o marketing. A tendência de despachar os melhores funcionários acontece porque, assim que o seu pessoal perceber o que você está fazendo, o seu estado de profundo desespero e estupidez, muito sensatamente decidirá sair. Quanto mais rápido eles compreenderem a situação e quanto melhores as suas perspectivas em outro lugar, mais cedo eles partirão. Como forma de reduzir a qualidade média da força de trabalho, congelar o recrutamento é difícil de bater.

O congelamento é popular porque a outra alternativa requer coragem. Despedir alguns funcionários e recrutar outros ao mesmo tempo requer força de caráter e clareza de intenção. É preciso fazer uma análise muito difícil e tomar algumas decisões angustiantes sobre quem é essencial e quem não é, e ao mesmo tempo lidar com aqueles que estão saindo; certamente, não é um processo divertido. Em tempos difíceis, a coisa certa a fazer não é fácil, nem popular.

Ponto de ação para congelamentos do recrutamento
Não faça.

Você é pequeno demais

Quer dizer, a sua empresa, e não você pessoalmente. Este é um problema comum, que não vai responder à redução de custos. Você precisa de "uma solução estratégica", ou seja, refletir muito seriamente sobre o formato do seu negócio.

Muitas vezes, o que encontramos nesse caso é uma versão da síndrome do "preso no meio". Você poderia ter sucesso se fosse pelo menos 50% menor, atuando em um mercado de nicho ou especializado, ou se fosse bem maior, mas não pode ser bem-sucedido do tamanho que está.

A consultoria de marketing mencionada anteriormente deparou com uma versão muito dolorosa dessa questão. Calculou o número de especialidades diferentes necessárias na empresa para prestar o nível de serviço esperado pelos clientes – redação de textos científicos, produção gráfica, planejamento e organização de reuniões, relações públicas etc. Cada uma dessas funções precisava de uma pequena pirâmide de pessoal de nível sênior, médio e júnior; caso contrário, os custos seriam demasiado elevados, e o pessoal sênior cansaria de realizar tarefas pouco especializadas. Esse processo de análise chegou à conclusão de que a empresa precisava de cerca de 45 pessoas. Tinha trinta, e um volume de trabalho que mal dava para mantê-las ocupadas. Para satisfazer as expectativas das partes interessadas, a empresa precisava crescer 50%, e muito rápido.

Isso teria funcionado, se tivessem conseguido chegar lá. Como alternativa, a empresa poderia ter seguido na direção oposta, tornando-se mais especializada. Poderia simplesmente ter oferecido consultoria estratégica, e não a execução de tarefas de impressão e organização de reuniões, por exemplo. Ou poderia ter se tornado mais básica, com mais ênfase na execução do que na consultoria propriamente dita. Ou... Havia muitas possibilidades, mas, certamente, o que não funcionava era o *status quo*.

Deparei com o mesmo problema, mais recentemente, quando eu ajudava uma fabricante de componentes industriais. A fabricante tinha um armazém na Espanha, e o seu valor para a maioria dos clientes era o fato de que a empresa mantinha grande quantidade de peças em estoque e poderia entregá-las no dia seguinte. Na verdade, os clientes podiam visitar o depósito e pegar a peça por conta própria se quisessem. Infelizmente, um armazém é um custo fixo, e essa empresa precisava de cerca de 25% a mais de vendas para cobri-lo. As opções eram encolher, fechar o armazém e atender apenas aqueles poucos grandes clientes que já estavam sendo atendidos por outras fábricas do grupo no restante da Europa, ou aumentar o negócio até o ponto em que ele pudesse cobrir o custo fixo. Eles escolheram a segunda via, com um investimento em gestão de vendas para garantir que o crescimento acontecesse de fato.

Pontos de ação para chegar ao tamanho certo

Não se deixe enganar por aqueles gerentes e consultores melosos que transformaram a busca por chegar ao tamanho certo em eufemismo para corte de pessoal. *Reconheça que chegar ao tamanho certo pode significar crescimento.* Da mesma forma, diminuir de tamanho não significa necessariamente fazer menos de tudo. Não significa se tornar um elefante menor; é mais como transformar um elefante em um macaco.

Assim que você começar a procurar formas de mudar o formato do seu negócio, vai precisar juntar as coisas. Não deixe de analisar a rentabilidade de produtos e clientes. Se quiser diminuir o negócio, dê mais ênfase àqueles que obtêm os maiores lucros. Se a sua conclusão for de que você precisa crescer, não se esqueça de ser claro sobre que tipos de clientes e produtos produzem o crescimento, porque, obviamente, você quer ter certeza de que o crescimento é rentável. Isso é chamado de "integrar estratégia e finanças", e muitas vezes é feito de forma muito ruim. Mesmo que o resultado da análise seja apenas razoável, você certamente ficará no quartil superior.

JUNTANDO TUDO

Existe uma ordem lógica na qual esse trabalho deve ser realizado. Seguir a ordem certa evita sobrecarga de trabalho. Você também pode ter sorte – se identificar o problema na primeira ou na segunda etapa, não precisará executar os passos seguintes.

Passo 1 – Elimine o desperdício e o excesso de capacidade. Isso é bem simples. Basta lembrar-se da regra do retorno do investimento e aplicá-la ao tempo gasto. Não gaste dias de seu precioso tempo tentando eliminar os últimos milhares de libras.

Passo 2 – Tenha bem claro o quanto você valoriza o longo prazo em relação ao curto prazo. Quanto potencial de longo prazo você está disposto a sacrificar por resultados de curto prazo? Esteja absolutamente seguro de esgotar todas as possibilidades aqui. Se você tentar contornar o problema nesta fase, as divergências vão continuar ressurgindo para atrapalhar cada etapa do seu avanço. Você também vai semear confusão, desconfiança e desmoralização. Defina o nível de investimento no patamar desejado.

Passo 3 – Garanta que o seu processo de determinação de preços esteja adequado. Se não tiver cumprido esta etapa, você não saberá qual é o potencial do negócio.

Passo 4 – Entenda seus produtos e clientes. Fazer uso dessa informação vai aumentar os lucros, e você precisará dela para a próxima etapa.

Se você chegou até este ponto e resolveu o seu problema, parabéns. Caso contrário, precisará seguir para o próximo passo, o mais assustador de todos:

Passo 5 – Revisão estratégica. O seu negócio está com o formato errado. É preciso corrigir isso, mas pelo menos agora você tem a informação de que precisa.

CAPÍTULO 4

AVALIAÇÃO

POSSO AVALIAR A SITUAÇÃO, MAS DEVO GERENCIÁ-LA?

Eis o estado da avaliação na maioria das organizações:

➲ Sabemos o que aconteceu, mas não entendemos o motivo.

➲ Não sabemos o que fazer para melhorar os resultados.

Isso acontece porque:

➲ Basicamente, estamos medindo as coisas erradas.

Esse é o estado das coisas, se você tiver sorte. É bem possível que alguns dos elementos que efetivamente avaliamos e, portanto, que tentamos administrar nos levem para uma direção completamente errada. Também é possível que o departamento financeiro, ou seja, o pessoal de que você precisa para ajudá-lo nessa área, seja na verdade parte do problema.

Em suma, é uma bagunça. A boa notícia, porém, é que esse é um dos problemas mais fáceis de resolver no mundo dos negócios. Os princípios são simples, e a matemática necessária não é mais do que aritmética. É simplesmente uma questão de aplicar um pouco de lógica a convenções contábeis e certificar-se de que, pela primeira vez, a lógica vença.

MARGEM DE LUCRO BRUTO: BRUTALMENTE ENGANOSA

Quando trabalhava em uma consultoria de marketing, a questão do lucro bruto me fazia quebrar a cabeça. A empresa havia evoluído; originalmente, era uma editora; por isso, o lucro bruto era uma medida-chave. Era definido de forma completamente padrão, como receita menos os custos de impressão, diagramação, setor editorial, ilustração etc. Basicamente, receita menos custos externos. As margens eram muito variáveis. Alguns projetos, como o programa de publicações estratégicas, tinham um lucro bruto perto de 100%. O programa de publicações estratégicas era uma oferta de consultoria, em que a nossa equipe altamente qualificada reunia esforços e desenvolvia uma estratégia de marketing para o cliente. Os custos com pessoal eram registrados como despesas gerais, de modo que tivemos um lucro bruto impressionantemente alto.

No outro extremo da escala de lucro bruto estava o programa de reimpressão de livros, em que nosso lucro bruto era de apenas 20-25%. A conclusão parecia bastante clara – programas de publicações estratégicas, com muitos membros de nível sênior = bom; reimpressões = ruim.

Mas havia um problema. Embora a empresa tivesse lucro bruto muito atraente, enfrentava dificuldades para ganhar dinheiro. Na verdade, estava lutando para conseguir finalizar o trabalho. Isso aconteceu porque julgar os projetos com base na sua margem de lucro bruto deixava de lado o aspecto mais importante sobre a empresa. A empresa utilizava uma equipe altamente especializada, que era cara de empregar e difícil de encontrar.

A questão crucial para nós era que tipos de produtos ou serviços faziam melhor uso de nosso escasso e caro pessoal. O produto "atraente" com altas margens de lucro bruto envolvia uso intensivo de mão de obra. A adoção de uma medida de avaliação baseada nessa ideia mudou a perspectiva completamente. A medida era muito simples: quanto ganhamos por hora gasta por nosso pessoal em um projeto? Analisado desta forma, a ordem de mérito foi invertida. O programa de publicações estratégicas que utilizava a mão de obra de maneira intensiva acabou sendo uma das atividades de mais baixo valor, já que absorvia boa parte do tempo do pessoal de nível sênior. Talvez, se tudo corresse bem, chegasse a 100 libras por hora. A humilde reimpressão, por outro lado, acabou sendo a estrela. A baixa margem de lucro bruto foi mais do que compensada pelo fato de que realmente não precisávamos fazer nada para completar o projeto. Um fax para a gráfica pedindo orçamentos para diferentes quantidades, um fax para o cliente com uma cotação, seguido de um fax para a gráfica confirmando as quantidades e o endereço de entrega, e o trabalho estava pronto. Facilmente mil libras por hora – então, como poderia ser um mau negócio? No entanto, o nosso tradicional relatório financeiro, centrado no lucro bruto, o considerava ruim.

Sem essa visão, poderíamos ter terminado em uma confusão horrível. Teríamos nos antecipado e vendido muitos programas de publicações estratégicas. Nossa previsão de lucro bruto teria sido fantástica, mas, depois, seria um problema. Ou simplesmente não teríamos conseguido entregar o trabalho, ou teríamos que contratar tantas pessoas a mais que perderíamos dinheiro.

Concentrar na margem de lucro bruto pode atrapalhar seu entendimento de como funciona o negócio e que tipo de produtos ou serviços são os melhores para o seu caso específico. Na verdade, pode atrapalhar mais ainda – pode impedir que você aja de forma sensata. Veja este exemplo da Starbucks. (Não me diga que você pode tomar um café melhor em outro lugar, eu não me importo. Do ponto de vista comercial, esse pessoal é brilhante.)

Certa vez, enquanto eu esperava a minha xícara de café na Starbucks, ocupei meu tempo analisando a margem de lucro bruto da empresa. Observei algo muito interessante.

Aqui estão os dados econômicos aproximados de um café latte, em centavos de libras. Calculei o custo dos ingredientes ao preço dos supermercados da Inglaterra, que estarão bastante próximos da realidade.

Preço para o consumidor	2,10
Custo de metade de uma caneca de leite	0,35
Custo de 7g de café	0,07
Lucro bruto	1,68
Porcentagem de lucro bruto	80%

Existe a opção de tomar um café mais forte, adicionando uma dose extra de café *espresso* ao mesmo tamanho de xícara. Veja o que acontece se você pedir a dose extra:

Preço da dose extra ao cliente	1,50
Custo dos 7g de café	0,07
Lucro bruto da dose extra sozinha	0,08
Percentual de lucro bruto da dose extra sozinha	53%
Percentual de lucro bruto de café mais dose extra	78%

Assim, oferecer a dose extra acaba por *reduzir* o percentual de lucro bruto! Entretanto, é uma boa ideia. Eis a lógica.

A maior parte dos custos em um café é fixa – está relacionada com os custos de pessoal e os custos do espaço de varejo. A curto prazo, o número de pessoas que o estabelecimento comporta é fixo. Depende da sua localização, de quantas pessoas circulam por ali e se existem outros estabelecimentos do gênero no bairro. Uma forma de aumentar o lucro é vender mais para os clientes que frequentam a loja. Isto é o que a dose extra faz. Não requer trabalho extra, e não altera o custo de pessoal ou de espaço. São 8 centavos a mais de graça para cada cliente que pede a dose extra.

Se a Starbucks pensasse em termos da margem de lucro bruto, ou não ofereceria a dose extra ou a ofereceria a um preço que mantivesse o percentual de lucro bruto de 80%. Isso aumentaria o preço para 35 centavos, ponto em que começa a parecer caro demais, exceto para quem é realmente viciado em cafeína. As duas abordagens teriam o mesmo efeito – elevar o percentual de lucro bruto reduz o lucro. O que a dose extra faz é diminuir o lucro por quilo de vendas, mas elevar o lucro por cliente e, portanto, o lucro por localidade.

O percentual de lucro bruto, em ambos os exemplos, produz um resultado enganador. Em ambos os casos, o motivo é o mesmo. Tanto a consultoria de marketing quanto o café têm "fator limitante", ou seja, uma restrição no nível de negócios que podem realizar. Para a consultoria de marketing, é o número de pessoas qualificadas que a empresa consegue recrutar. Para a lanchonete, é o número de clientes que frequentam o estabelecimento. Para ambas as empresas, a medida certa se baseia no fator limitante. Para a consultoria de marketing, é o lucro por hora. Para a Starbucks, é o lucro por visita.

Note que as medidas úteis têm duas coisas em comum:

- ➲ Não são receitas relacionadas à receita (lucro bruto como porcentagem de vendas, por exemplo), mas receita relacionada a algo que não é dinheiro (lucro por hora, ou por cliente).
- ➲ São muito específicas ao negócio em questão e às suas circunstâncias individuais.

Voltaremos a estes pontos mais adiante neste capítulo.

POR QUE A MARGEM DE LUCRO LÍQUIDO NÃO É UMA MEDIDA ÚTIL?

Mesmo após 15 anos o número está gravado na minha mente: 16,7%. Esta era, segundo o relatório de um analista, a margem média de lucro operacional para o negócio de publicações empresariais e profissionais. Na época, eu era diretor comercial de uma filial de uma grande empresa e grupo editorial profissional, cuja margem era de 9%. A diretoria do grupo tinha dito que esse número teria que subir para 12% muito rapidamente, ou haveria encrenca.

Minha empresa era uma espécie de peixe fora d'água no grupo. Não era realmente uma editora, mas uma consultoria. Analisando seu grupo de pares imediato, vi que eles alcançavam margens de 10% em um ano bom. Como chegaríamos aos 16,7%? Parte do que fazíamos tinha sentido. Tínhamos uma ideia bastante precisa dos projetos lucrativos e dos não lucrativos. Nós desenvolvemos métodos de avaliação muito melhores que orientavam nossas decisões. E compartilhávamos informações de forma muito mais ampla, e educávamos financeiramente muito mais a nossa equipe do que qualquer outra empresa, que eu tivesse conhecimento.

Infelizmente, também tínhamos de lidar com alguns elementos um pouco menos construtivos:

➲ Restringíamos o crescimento no curto prazo.

➲ Aumentávamos o nível de risco no negócio a níveis alarmantes e desnecessários.

Mas o pior de tudo:

➲ Perdemos completamente o futuro.

A história financeira desse negócio ilustra os horrores que podem se esconder atrás de uma margem de lucro bruto aparentemente saudável. Restringimos o crescimento cortando as despesas necessárias para produzir crescimento. Este atingiu o seu pico no mês de março, quando estávamos revisando planos com base nos resultados do primeiro trimestre. As vendas não estavam indo tão bem quanto o previsto. Tínhamos planejado recrutar uma pessoa de vendas extra, mas isso ainda não tinha acontecido. A matriz viu uma oportunidade de conter os custos. Em nosso ramo, eram necessários pelo menos nove meses para que os novos funcionários de vendas gerassem receita, por isso, o novo contratado teria um efeito negativo sobre o ano corrente. Cancelem o processo de recrutamento, disseram, e guardem o dinheiro. Vocês não vão perder vendas este ano. Foi o que fizemos. Não à toa, seis meses depois, durante a fase de planejamento do orçamento do ano seguinte, estávamos com problemas de crescimento.

Isso realça um grande problema com a contabilidade convencional. Ela trata custos como custos, quer produzam efeitos benéficos no presente ou no futuro. Os custos das atividades de vendas e atendimento ao cliente que dão suporte às vendas do ano corrente são tratados sem nenhuma diferenciação dos custos de comercialização e desenvolvimento de produtos que sustentam os anos seguintes. Some a isso o fato de que a contabilidade força você a ignorar qualquer coisa que possa acontecer após o fim do atual exercício (mesmo que esteja apenas três meses à frente), e é fácil ver como o investimento pode ser sufocado.

Aumentamos o risco no negócio tirando as margens de segurança. Nosso plano não incluía, nem podia incluir, uma margem de tolerância para possíveis problemas de projeto, o fato de novos funcionários não terem o desempenho planejado, perda de clientes ou quaisquer outros riscos de rotina de um negócio. Isso fez com que a situação se tornasse muito precária.

Finalmente, e provavelmente, o pior de tudo: perdemos o futuro. Por trás da agitação diária de atividade frenética, uma profunda mudança estava acontecendo. Historicamente, havíamos ajudado nossos clientes, grandes empresas farmacêuticas, a comercializar os seus produtos desenvolvendo mensagens sobre eficácia clínica destinadas a médicos, ou seja, aqueles que prescreviam os remédios. Em muitos casos, o médico que prescrevia a receita não fazia ideia de quanto custava o produto. Isso estava mudando. Em uma tentativa de conter custos, um número cada vez maior de prestadores de serviços de saúde vinha procurando uma melhor relação custo-benefício. Se a relação custo-benefício de determinado produto não fosse considerada boa, o médico não poderia prescrevê-lo, não importando qual fosse sua opinião sobre a eficácia dele. A indústria precisava começar a desenvolver mensagens para economistas sobre custo-benefício se quisesse manter as vendas. Nós "meio que" reconhecemos isso, mas não fizemos nada a respeito – simplesmente não tínhamos tempo, tão envolvidos estávamos em manter o negócio funcionando. Ao longo dos anos, os economistas aumentaram seu poder sobre os médicos, e não tínhamos nada preparado para promover os produtos dos nossos clientes. Nossa capacidade de comunicação com os médicos tornou-se cada vez menos valiosa.

O TRIÂNGULO LUCRO-CRESCIMENTO-RISCO

Quando se trata de margem de lucro líquido, a realidade é como o velho ditado: "Bom, barato, rápido. Escolha duas opções." Um trabalho bom pode ser feito rapidamente, mas não será barato. Ou um trabalho barato pode ser feito rapidamente, mas não será bom.

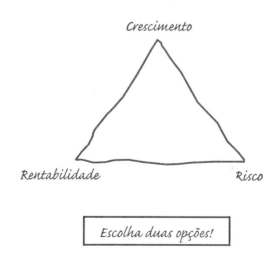

Neste caso, os três vértices do triângulo são crescimento, risco e rentabilidade, e o mais interessante dos três é o risco. Muitas pessoas reconhecem, pelo menos a princípio, que o crescimento geralmente requer algum sacrifício de curto prazo na rentabilidade, mas o papel do risco é menos evidente. Muitas vezes, tende a ser o "molho secreto", o ingrediente oculto que melhora o sabor, sem custo extra. Infelizmente, como o excesso de glutamato de sódio em uma refeição oriental questionável, ele deixa um sabor desagradável.

Um dos exemplos mais flagrantes de uso indevido do risco é ilustrado pelo caso da refinaria da BP em Texas City. Em 2005, uma explosão na refinaria matou 15 pessoas e feriu 170. A administração da refinaria já havia sido obrigada a reduzir os custos em 25%, e um relatório da Comissão de Segurança Química do governo norte-americano concluiu que esse foi um fator significativo para o desastre. Manutenção planejada e preventiva tinham sido cortadas, e as instalações desgastadas não foram substituídas.

É improvável que as suas atividades tenham as mesmas consequências que uma grande explosão em uma refinaria, mas ignorar qualquer um dos vértices do triângulo ainda poderá levá-lo ao desastre.

Portanto, a resposta é parar de se enganar. Se você decidir que quer crescer mais rápido, parta do princípio de que precisa aumentar os custos (e, portanto, sacrificar a rentabilidade) ou aumentar o risco, a menos que tenha excelentes razões para pensar o contrário. Empresas como a Toyota conseguem reduzir custos ao mesmo tempo que aumentam a qualidade, sem (geralmente) aumentar o risco, mas porque trabalham com isso todos os dias e têm um método para fazê-lo. Além do mais, empresas desse tipo não trabalham diretamente sobre o custo, mas sobre o processo subjacente ao custo e à qualidade. Uma coisa é perguntar "Como podemos melhorar nossos processos para reduzir custos?" e inventar um processo para melhorar seus processos. Outra coisa é perguntar "Como reduzimos custos?". A primeira pode gerar melhorias concretas; a segunda, se é que reduz custos, provavelmente o fará apenas à custa do aumento do risco.

Para crescer, você vai precisar gerenciar ativamente o risco. Todo mundo aceita isso. É menos usual reconhecer que cortar custos também exige gerenciar riscos. Você vai precisar de um plano inteligente. Pense no que teria acontecido se a refinaria de Texas City tivesse sido obrigada a aumentar sua capacidade em 25%, em vez de reduzir custos, no mesmo porcentual. Esse teria sido um importante projeto de capital com uma equipe de projeto consistente, um comitê gestor, um plano de gerenciamento de risco, o serviço completo. Provavelmente, teria sido muito bem-feito. Mas onde estava o gerenciamento de risco na hora da significativa redução de custos? Simplesmente não existia.

O QUE A CONTABILIDADE NÃO REVELA

Seria mais fácil identificar o que a contabilidade convencional revela. Ela diz o seguinte: "No geral, as coisas estão/não estão evoluindo de acordo com o plano."

É isso. Útil, eu acho, mas creio que você gostaria também de saber:

- ➲ Se realmente as coisas estão evoluindo de acordo com o plano, ou se estão se desenvolvendo de forma bastante diferente, e que é apenas uma coincidência que os totais sejam os mesmos.

➲ Se as coisas vão continuar a evoluir de acordo com o plano.

➲ Se o plano era realista, em primeiro lugar.

➲ E, finalmente, a pergunta mais importante de todas: O que fazer para melhorar os resultados?

Tudo isso é possível. Nem sequer é particularmente difícil, mas você terá que ir além da contabilidade convencional para conseguir a resposta.

Vamos analisar alguns exemplos. Suponhamos que as contas informem que as vendas subiram. Por quê? Será que essa saudável tendência tende a continuar? O que podemos fazer para melhorar ainda mais a situação da empresa?

Existem três razões pelas quais as vendas poderiam ter subido:

➲ Temos mais clientes.

➲ Temos o mesmo número de clientes, ou menos, mas eles estão comprando mais em cada compra.

➲ Temos o mesmo número de clientes, eles estão comprando a mesma quantidade de produtos a cada compra, mas compram com mais frequência.

Estas três razões diferentes nos levam a conclusões completamente diferentes e sugerem três diferentes cursos de ação. O plano para a aquisição de mais clientes é bastante diferente do plano para vender mais aos clientes existentes, ou para persuadir os clientes existentes a comprar com mais frequência. Não existe base científica, mas as contas convencionais não nos fornecem essa informação.

Não sabemos o que está gerando os resultados, por isso não sabemos como melhorá-los; e mesmo se adivinharmos qual o melhor curso de ação, ninguém nos dirá se o resultado está sendo alcançado ou não. Por exemplo, suponha que decidimos fazer um esforço real para aumentar as vendas através do aumento do valor médio da venda – ou seja, vendendo mais para cada cliente a cada vez que compram. Nós fazemos isso, e as vendas aumentam. Mas como sabemos se as vendas realmente aumentaram por causa dos nossos esforços para aumentar o tamanho de cada venda? Talvez os nossos esforços nessa área tenham gerado resultados insignificantes, e a melhoria advenha de novos clientes, ou de clientes que compram com mais frequência.

As contas dos administradores podem esconder tendências verdadeiramente aterradoras. Um bom exemplo da ilusão gerada pela contabilidade convencional vem da indústria de revistas acadêmicas, que passou por uma experiência de quase morte na década de 1990. Nos anos 1980, os editores de publicações científicas perceberam que tinham o equivalente legal mais próximo ao monopólio sobre o fornecimento de crack em determinado bairro. Um artigo científico publicado em uma revista era essencialmente um pequeno monopólio – disponível apenas para assinantes da publicação em questão. Um artigo importante era considerado essencial. A qualidade viciante vinha do fato de que os bibliotecários odiavam "séries incompletas". Assim que faziam a assinatura de determinado periódico, odiavam interrompê-la.

Os editores aproveitaram ao máximo seu poder monopolista sobre esse produto altamente viciante, com significativos aumentos de preços. Pierre Vinken, presidente da importante editora Elsevier, resumiu muito bem a situação:

"Nosso modelo é muito simples – você aumenta os preços e recolhe o dinheiro." Os bons tempos estavam de volta... mas... por trás de uma tendência muito saudável de aumento de receitas e lucros estava uma realidade preocupante. Todo ano, quando os preços subiam, o número de assinantes caía. Extrapole a tendência e você chegará a um ponto em que cada revista teria um assinante pagando seis ou sete dígitos pela assinatura. Este modelo claramente não era sustentável. Em meados da década de 1990, houve uma verdadeira sensação de crise no setor; as editoras foram alvo de críticas iradas por parte dos clientes e de tentativas dos acadêmicos (clientes das editoras) de usar a nova tecnologia para destruir o sistema existente e, portanto, as editoras existentes. Ser alvo do ódio dos seus clientes e vê-los minando seu modelo de negócio raramente é bom para os negócios; no entanto, durante todo esse tempo, as contas convencionais diziam que tudo estava indo muito bem.

MEDIDAS DE EFICIÊNCIA DESTROEM A EFICIÊNCIA

Parece fazer sentido ir além da contabilidade convencional e produzir outras medidas para administrar o desempenho. Sim, mas, em geral, não tem.

A triste verdade é que não é difícil bolar medidas de eficiência que trabalham ativamente para *diminuir* o desempenho.

A história a seguir é de domínio público, mas é representativa.

Em junho de 2005, o famoso jornalista Jeff Jarvis postou o seguinte em seu blog (http://www.buzzmachine.com/), com o título *Dell Lies, Dell Sucks* ["A Dell mente, a Dell não presta"]:

Acabei de comprar um novo laptop da Dell e paguei uma fortuna pelo suporte domiciliar por um período de quatro anos. A máquina é uma lata velha e o serviço é uma mentira. Estou enfrentando todos os tipos de problemas com o hardware: superaquecimento, a rede não funciona, mensagens de que a CPU está cheia. É gato por lebre.

Em um artigo posterior, publicado no *Guardian* (agosto de 2005), Jarvis descreveu a forma como a questão explodiu na web:

Virou uma verdadeira saga, uma minissérie na web. Dezenas de leitores deixaram comentários com suas histórias infernais sobre a Dell e vários outros blogueiros complementaram o meu post com suas lamentações. Atualizei o meu público com minhas histórias mais recentes de frustração transoceânica: eu tinha pago por suporte domiciliar, mas não recebi o serviço; a Dell trocou metade da minha máquina, mas não adiantou... Eu não posso levar o crédito nem a culpa por isso, mas no meio dessa ópera de silício, a avaliação da satisfação dos clientes da Dell, a participação de mercado da empresa e o preço das suas ações em todos os Estados Unidos encolheram.

Coisa séria. Muito se comentou sobre essa saga, principalmente no que tange à importância de ouvir os clientes. A Dell agora emprega pessoal para monitorar a blogosfera e responder às reclamações. O outro lado da história, que quero analisar agora, é como a Dell passou a oferecer esse serviço de má qualidade, em primeiro lugar. Tudo deriva de uma ideia equivocada de como medir a eficiência.

A Dell vinha rastreando o "tempo de atendimento" por chamada, mas isso apenas encorajava os operadores a transferir as chamadas, simplesmente passando o problema adiante. Cerca de 45% das chamadas estavam sendo transferidas, com 7 mil dos 400 mil clientes que ligavam para o serviço de atendimento toda semana sendo transferidos sete vezes ou mais.

Mais ou menos ao mesmo tempo também tive problemas com a Dell, período em que a empresa enviou um técnico cinco vezes para trocar várias peças. Não resolveu o problema do meu computador, o que não me surpreendeu, pois parecia que o problema era de software. Entretanto, ajudou o operador da Dell, oferecendo uma maneira rápida de encerrar a chamada. O efeito financeiro líquido sobre a Dell, mesmo ignorando os danos à boa vontade do cliente e sua reputação, foi terrivelmente negativo. Não sei quanto custa uma visita infrutífera de um técnico, mas deve ser o equivalente a várias horas de telefone. Depois de terem mandado o técnico pela quinta vez, acho que teriam feito melhor se tivessem me dado uma máquina nova. Toda a saga foi caríssima para a Dell, mas, de acordo com a medida do "tempo de atendimento", tudo estava indo bem – as chamadas eram curtas, porque, toda vez que eu ligava, eles me atendiam agendando outra visita do técnico.

A Dell criou um sistema que positivamente encorajava e recompensava o mau atendimento. Quanto mais rápido o operador se livrasse do cliente (com a oferta de uma não solução, como a visita de um técnico) ou o transferisse para outro atendente, mais frustrado ficava o cliente e *melhores ficavam as métricas.*

A resposta para a Dell, em retrospecto, era realmente simples. Pare de se concentrar no tempo de atendimento de uma chamada individual e, em vez disso, comece a medir os minutos por resolução de um problema, independente de quantas chamadas foram necessárias para isso. Procure resolver tantos problemas quanto possível em uma chamada, não importa quanto tempo a chamada durar.

Existem muitos exemplos de como usar uma medida simplória pode produzir resultados disfuncionais. Aqui estão apenas alguns deles:

❶ Os hospitais estabeleceram uma meta de "ninguém tem que esperar mais de x semanas pelo início do tratamento", priorizando casos menos urgentes que estão perto do limite de tempo, em vez de casos mais urgentes que acabaram de entrar na lista de espera por atendimento.

❷ As metas de receita estabelecidas pelo pessoal de vendas são atendidas com medidas absurdas – ou seja, à custa de descontos ridiculamente altos que fazem a empresa perder dinheiro.

❸ Professores avaliados unicamente com base nos resultados dos exames concentram-se em "ensinar para o teste", gerando aulas enfadonhas e impedindo que os alunos pensem de forma mais global e abrangente.

MEDIDA SENSÍVEL – ELA EXISTE

Para resolver seu problema, a Dell teve de chamar de volta seu ex-chefe de produção, que estava aposentado. Mas a solução não precisa ser tão drástica assim. Aqui estão alguns princípios para ajudá-lo a fazê-lo sozinho:

Em primeiro lugar, *certifique-se de que você não está sendo preguiçoso*. É tentador se concentrar em algumas medidas simples, ou apenas em uma única medida, ainda mais simples, mas, na maioria dos casos, esta seria uma má ideia. Lembre-se da máxima "as coisas devem ser simples, mas não simples demais". Se a situação é complexa, você não pode evitar a complexidade. É importante aceitar isso.

Concentre-se no processo como um todo. Por exemplo, se você está trabalhando na área de vendas, precisa analisar todo o processo de vendas, da negociação ao processamento do pedido, da remessa do artigo, ou seleção da pessoa para executar a tarefa, à cobrança, pagamento e fornecimento de qualquer serviço de pós-venda. A razão para isso é que é muito fácil para aqueles que executam parte do processo otimizarem a sua parte de forma a criar problemas mais adiante nessa cadeia. Por exemplo, o pessoal de vendas pode vender fazendo promessas pouco realistas sobre o que o produto fará ou como será fácil de usar. Isto criará custos adicionais no atendimento ao cliente. Quer sua medida de avaliação seja custo, velocidade ou qualidade, precisa se basear no processo como um todo, e não em parte dele.

Meça algo que seja importante para o cliente. No caso da Dell, não acho que muitos clientes se importassem com o tempo de cada chamada individual. A Dell achava que isso era importante, porque queria manter os custos baixos. Os clientes, por outro lado, se preocupavam com quanto tempo levava para ter um problema resolvido. Primeiro, o processo precisa funcionar direito – baixas taxas de erro, alta taxa de acertos "de primeira". Se conseguir isso, verá que os custos também cairão. Fazer tudo certo de primeira geralmente é muito eficaz.

Parta do pressuposto de que as pessoas vão tentar burlar o sistema. Se você disser às pessoas quais serão as medidas usadas para avaliá-las, elas provavelmente farão o melhor possível para ter uma boa avaliação nessas medidas, mesmo que percebam que isso não produz o melhor resultado para o cliente ou a empresa. Pergunte a si mesmo se existe algum modo de você atingir as medidas e ainda assim não produzir os melhores resultados possíveis. Se houver um modo, pode considerar que vai acontecer.

VOCÊ NÃO PRECISA DE UM DIRETOR FINANCEIRO, PRECISA DE DOIS

Esse tipo de avaliação parece bastante confuso em muitas empresas. Não sabemos como estamos indo em relação a variáveis-chave, não sabemos o que fazer para melhorar os resultados, e muitas vezes as medidas que temos estão, na verdade, piorando tudo. Como boa parte dessa medida vem (ou deveria vir) do departamento financeiro, não seria melhor perguntar o que o diretor financeiro está fazendo?

Isto não pretende ser um ataque ao pessoal do financeiro. Fui diretor financeiro durante anos, e ainda acho que eles são essenciais e, em geral, trabalham bem. O problema é que o trabalho vital que eles costumam fazer bem é apenas uma das duas tarefas vitais que precisam fazer. Pior ainda: *as mesmas coisas que os tornam bons na primeira função vital fazem com que tenham dificuldades tremendas em realizar a segunda função vital.*

Em outras palavras, você precisa, primeiro, entender quais são as duas funções. Depois descubra por que as habilidades, os atributos e as atitudes que levam ao sucesso em um caso são realmente inúteis em outro. As duas funções são:

❶ *Chefe de controle e conformidade.* Administra as contas básicas. Garante que os clientes paguem no prazo estipulado. Impede que as pessoas gastem dinheiro que não devem gastar ou que roubem da empresa. Garante que as contas sejam pagas em dia, que as declarações fiscais sejam feitas e que o imposto devido seja pago no prazo.

❷ *Parceiro de negócios.* Começa cada dia pensando: "Como posso ajudar esta organização a ganhar mais dinheiro?"

Na primeira tarefa, controle e conformidade, uma série de princípios são importantes:

➲ *Consistência.* O objetivo da publicação das contas é permitir que os acionistas, que talvez não conheçam muito sobre a empresa, comparem os seus resultados com os de outros. O formato tem que ser padronizado, e as transações, tratadas da mesma maneira todos os anos. Não tem sentido contabilizar os salários do pessoal de marketing como parte dos "custos de marketing" um ano e como "salários" no ano seguinte, ou compilar os relatórios de vendas por tipo de produto um ano e por tipo de cliente no ano seguinte.

➲ *Regularidade.* Você tem de se comprometer com os períodos contábeis regulares. O partido do governo no Parlamento britânico pode convocar uma eleição geral em qualquer momento que ele considere ser mais propício para a reeleição, mas uma empresa não pode simplesmente determinar o fim do ano fiscal nos períodos em que gera os melhores resultados.

- *Baixo nível de detalhe.* Grupos de contas precisam ter um tamanho administrável, o que significa que não podem entrar em grandes níveis de detalhe.
- *Alto nível de precisão.* As contas têm de estar corretas. Você não pode publicar uma declaração dizendo: "O lucro do ano passado foi de 5 milhões de libras, com uma variação de mais ou menos 1 milhão." Se você está dizendo que são 5 milhões, é melhor que esteja entre 4,9 milhões e 5,1 milhões de libras.

Agora é a hora da verdade. Veja como esses princípios, corretos e apropriados para a primeira função, na verdade atrapalham a segunda tarefa de ser um parceiro de negócios.

A *consistência* é ruim. Na verdade, você precisa ser completamente inconsistente. Um dia você está interessado em saber como anda sua oferta de produtos. Quais produtos estão crescendo, quais estão em declínio? Então, toda a sua análise é feita por produto. No mês seguinte, você está interessado nos clientes: que tipo de cliente é mais rentável? Então, tudo é refeito por cliente.

A *regularidade* tem pouco valor para o parceiro de negócios. Os tempos mudam, e diferentes problemas vêm à tona. Algumas coisas mudam muito rapidamente, e podem precisar de atenção diária ou semanal. Outras mudam lentamente, e só merecem atenção num intervalo de alguns anos.

O *detalhe* é crucial. Grande parte do trabalho do parceiro de negócios baseia-se em analisar os números agregados das contas, de forma a produzir perspectivas interessantes. Você precisa fazer a análise, mas de forma seletiva. Isso envolve um estudo minucioso de algumas áreas e total desinteresse por outras.

O nível de precisão precisa variar de acordo com a tarefa, mas geralmente é menor do que para as contas formais. Um certo tipo de cliente pode ser duas vezes mais rentável que a norma, ou seis vezes. Não importa, porque a conclusão em ambos os casos é a mesma: queremos mais desse tipo de cliente.

ENTÃO, O QUE É UMA BOA MEDIDA?

Não estou argumentando contra o valor da medição. Sou contra avaliações sem sentido e contraproducentes e a favor de uma medida útil. Aqui estão alguns dos princípios que devem ser reforçados.

Medidas de avaliação são úteis quando adaptadas ao ramo de negócios específico, e aos problemas de cada negócio em determinado momento. Para a consultoria de marketing, o problema era o limite do número de funcionários. Para a Starbucks, era a necessidade de maximizar o rendimento por cliente. Se voltar a essas organizações alguns anos depois, você provavelmente verá que os problemas mudaram. Se for o caso, o processo de geração de relatórios precisa mudar também.

Medidas que envolvem receitas relacionadas à receita (lucro bruto de vendas, por exemplo) tendem a ser muito menos úteis do que medidas que relacionam a receita com outro elemento. Por exemplo, as seguintes medidas de avaliação podem ser extremamente úteis:

⮑ *Custos dos processos inteiros, e não de parte deles.* Por exemplo, saber o custo de fazer um pedido de venda é muito menos útil do que saber o custo do processo do pedido de venda em sua totalidade – de inserir o pedido no sistema até a seleção e o despacho, incluindo a cobrança e o pagamento. Analisar o custo do processo inteiro evita o risco da subotimização, em que determinado departamento otimiza as suas próprias operações impondo custos a outros.

➲ *Custo de atender a um cliente*, incluindo o custo de vender a ele.

➲ *Valor único de um cliente*. Esta é uma medida muito boa. Não só estabelece uma relação da receita com os clientes, mas também transcende o período de exercício fiscal.

➲ *Custo de aquisição de um novo cliente*. Acompanhar este custo ao longo do tempo confere um bom indicador da saúde futura do negócio. Se o custo de conquistar novos clientes é crescente, então alguma coisa está acontecendo no mercado que provocará consequências mais tarde. Você precisa começar a se preparar agora. Relacionando o custo de aquisição de um novo cliente com o valor único de um cliente, você saberá se a sua empresa é sustentável a longo prazo.

Medidas úteis geralmente estão disponíveis em um nível muito mais detalhado do que as contas convencionais. Gerar relatórios de vendas por cinco ou seis tipos de produtos é muito menos útil do que analisá-los por cliente, produto ou canal de vendas individual.

Como as informações úteis precisam ser baseadas em uma análise muito detalhada, ela tem de incluir mais comentários, isto é, mais palavras e menos números. Você não pode fazer circular um relatório demonstrando a rentabilidade de cada um dos seus 3 mil clientes. O que deve constar em seu relatório é algo do tipo: "Os clientes com resultados abaixo de 50 mil libras de volume de negócios por ano são geralmente os mais lucrativos em termos marginais. Aqueles que faturam mais de 250 mil libras são geralmente bons, mas com essas poucas exceções que precisam ser investigadas."

Há muita conformidade social envolvida aqui, e esse provavelmente é o maior obstáculo a ser superado para dar algum sentido à questão da medição. Há fortes convicções sobre o que é "adequado" medir ou avaliar, e alguns desses elementos não atenderão a sua organização.

Por outro lado, uma boa medida pode fazer enorme diferença na compreensão das verdadeiras causas dos diferentes processos, e pode apontar o caminho para a melhoria. Mudar o que você mede pode ter um impacto real sobre o que você faz e como você trabalha.

CAPÍTULO 5

ORÇAMENTO E PLANEJAMENTO

Imagine como seria se você tocasse sua vida de acordo com os princípios de um orçamento corporativo.

Você quer mudar de emprego e sabe que está bem-qualificado. O aumento salarial seria substancial, e você apreciaria muito mais o seu trabalho. Você tem uma janela de dois meses no ano, de setembro a outubro, em que considerará ofertas de emprego. Se um *headhunter* ligar nos outros dez meses, você vai ignorá-lo.

Sua filha está mudando de escola este ano. A mais próxima, na qual ela tem mais chances de entrar, é perfeitamente aceitável. No entanto, existe uma outra, um pouco mais distante, que é realmente excepcional. Suas chances de entrar nessa escola são de cerca de 50%. Você não a inscreve na seleção, porque, se a sua filha não entrar, sua esposa irá matá-lo. Na verdade, você faz o possível para esconder da esposa e da filha o fato de que existe alguma chance de ela entrar nessa fabulosa escola.

Você quer se mudar. Em setembro, precisará decidir para onde deseja ir e quanto vai custar. Se alguma coisa mudar, porque você não encontrou o que procurava pelo preço que queria, ou decidiu que prefere outro bairro, não será possível alterar o plano, mesmo se você tiver condições de pagar mais.

Em novembro, você percebe que não precisou gastar nada com a manutenção do carro. Você esperava gastar 500 libras, por isso manda o veículo para a oficina para uma segunda revisão.

Um amigo lhe oferece a possibilidade de usar sua casa de férias na França por uma semana, em maio. Você tem tempo, e gostaria de ir. O único custo seria o de chegar lá, o que não é problema algum – é menos do que o que você economizou na revisão do carro. No entanto, como não há provisão para os custos da viagem, você recusa a oferta.

Em outubro, você é chamado para fazer um lucrativo trabalho como *freelancer*. O cliente quer que seja realizado o quanto antes, e você pode entregá-lo em algumas semanas. Você tenta convencê-lo a esperar até janeiro, pois já ganhou o que havia sido planejado para este ano.

E assim por diante...

Evidentemente, não acho que você administre a sua vida assim. Se o fizesse, decerto não estaria lendo este livro, pois ninguém inclui no orçamento a compra de um livro que diz que tudo que você sabe está errado. E, ainda assim, no mundo corporativo, este comportamento bizarro é a norma.

COMO OS ORÇAMENTOS ACABAM COM AS OPORTUNIDADES

Esta é uma história real, que me foi contada pelo próprio protagonista.

Mark era sócio de uma firma de contadores. Ele desenvolveu um software de planejamento tributário para uso próprio, e então percebeu que o software também poderia ser vendido para outras empresas. Ele pagou mil libras por um anúncio na última página da revista *Accountancy*, e saiu-se muito bem. Vendeu 6 mil libras de software em um mês. Com razão, ele achou que valia a pena repetir o anúncio. Procurou seus sócios na empresa e pediu para gastar outras mil libras em publicidade. O que eles achavam disso? Talvez não vendessem 6 mil libras dessa vez, mas certamente ganhariam dinheiro. Parecia a clássica proposta "sem erro". Mark recebeu, de fato, uma resposta sem erro, mas não a que ele esperava: "*Não podemos fazer isso, porque já gastamos o orçamento de marketing deste ano.*"

Essas são as pessoas que simplesmente não considerariam a proposta de um novo emprego, se não fosse feita em setembro ou outubro. Tenho certeza de que em suas vidas privadas não são tão estúpidas, mas parece haver algo sobre o processo orçamentário que leva muita gente a deixar seu bom senso na porta quando chegam ao trabalho.

O que os colegas de Mark na verdade estão dizendo é o seguinte: "Uma vez por ano, em setembro ou outubro, vamos sentar e decidir o que vai acontecer até o final do próximo exercício financeiro, ou seja, daqui a 15 meses. Todas as oportunidades precisam ser visíveis agora, ou vamos ignorá-las. Se alguma oportunidade surgir mais tarde, não iremos aproveitá-la." Note-se que a proposta de Mark não é pedir que a empresa sacrifique todo o lucro deste ano em favor de anos futuros. A vantagem de publicar um anúncio do software é que ele gera receita no mesmo ano. Na verdade, provavelmente viraria lucro em um mês. Se você for muito inteligente, poderá fazer os clientes pagarem com cheque ou cartão de crédito, e ter o dinheiro no banco antes de pagar a revista *Accountancy* pelo espaço publicitário. Tudo de bom para o seu fluxo de caixa.

O incomum nessa história não é a resposta idiota. Isso, infelizmente, é comum. O que é incomum é que havia alguém – Mark – que conseguiu enxergar uma oportunidade, e teve a energia para tentar financiá-la. Quantas oportunidades foram perdidas porque a pessoa que as vê simplesmente não as leva adiante? Elas pensam, e talvez estejam certas, que não há motivo para pedir, porque a resposta certamente será negativa. Da próxima vez em que Mark enxergar uma oportunidade interessante, será que estará mais ou menos propenso a levá-la adiante?

Então, por que a empresa de contabilidade disse "não" a essa ótima possibilidade? Será que é porque os sócios não tiveram tempo suficiente para pensar sobre a questão? Dificilmente. Eles são contadores, afinal de contas. Basta um segundo de análise para ver que a proposta de Mark é boa. É mais provável que este seja um exemplo da regra que assume vida própria.

Aqui está a explicação mais provável do que aconteceu. A regra original era algo do tipo: "Realmente é importante saber com um ano de antecedência qual será o lucro da empresa, porque esse lucro é nossa renda pessoal, e temos compromissos em nossas vidas privadas. Portanto, temos um orçamento a cumprir, e não podemos gastar demais." Isso parece lógico e responsável, mas um passo nesta lógica foi suprimido. Por que não gastar mais do que o previsto no orçamento nos garante a renda esperada? Existe um passo intermediário não expresso no argumento que provavelmente é o seguinte: "Custos extras reduzem o lucro, porque não aumentam as receitas." Inclua esse raciocínio na equação e agora terá um argumento lógico bem-amarrado. O único problema é que é um argumento perfeito com base em premissas falsas. "Sempre fique dentro do orçamento" é uma boa regra, se for verdade que "custos extras nunca geram receita extra".

Esta suposição claramente não se sustenta – gastar mil libras muito rapidamente geraria várias vezes esse valor em receita. O que temos aqui é uma reação instintiva: custos extras = lucros menores = ruim. É tanto falso de fato quanto falho na lógica, mas isso não faz diferença alguma. Os sócios que tomam a decisão não poderiam questionar a sua lógica, porque não estavam conscientes de que passavam por um processo lógico. Ao tomarem essa decisão estúpida, dizendo adeus a vários milhares de libras de lucro rápido e sem esforço, eles provavelmente tiveram a agradável sensação de que agiam com prudência e responsabilidade.

Então, tudo se resume à lógica. Eu não espero ser aclamado como um grande filósofo por esta breve análise – acho que os gregos antigos fizeram um trabalho bem melhor nesta área. A verdadeira questão é esta: os instrumentos necessários para evitar esse tipo de erro já existem há mais de 2 mil anos, mas o que você precisa fazer para ter certeza de que vai usá-los quando forem necessários?

Existe uma técnica especial para a tomada de decisões orçamentárias mais inteligente, a regra do retorno do investimento, que vou abordar mais adiante. Mas existe uma técnica mais simples e mais poderosa, que resolverá esse e muitos outros erros. Basta perguntar o motivo.

Veja o que acontece nesse caso:

> – *Não podemos estourar o orçamento.*
> – *Por que não?*
> – *Porque precisamos ter absoluta certeza de que conseguiremos cumprir a previsão de lucro orçada.*
> – *Por que dizer "não" a essa proposta reduz nossas chances de alcançar a previsão de lucro orçado,*

quando parece quase certo que a proposta vai gerar receitas várias vezes superiores ao custo?

– Bem...

Mais uma vez, nada disso consta dos anais da filosofia. Por que é tão difícil perguntar o motivo? Consigo pensar em várias razões. Nenhuma delas é válida, mas são poderosas.

A primeira razão pela qual é difícil fazer essa pergunta é que o período em que a maioria das pessoas chega a posições de autoridade nas organizações coincide com o momento em que se tornaram pais. Isso significa que há anos seus filhos os enlouquecem perguntando "por quê?", "por quê?", "por quê?" para tudo. Às vezes, é porque eles realmente querem saber, caso em que o pobre pai precisa de uma base sólida em física, química, biologia, sociologia, psicologia, história, filosofia, teologia e uma dúzia de outras disciplinas ainda não reconhecidas pela academia. Às vezes, é apenas um meio de resistência: "Por que eu não posso comer outro pedaço de bolo? Por que não?" De qualquer maneira, perguntar o motivo adquire algumas associações infelizes.

A segunda razão para as pessoas não fazerem essa pergunta com a frequência com que poderiam é que substituem o consenso do grupo pelo pensamento individual, como vimos no Capítulo 1, na experiência com as três linhas, ou no exemplo da queda do comunismo: "X milhões de pessoas não podem estar erradas."

Na área de orçamentos, como em tantas outras áreas, tirar um tempo para perguntar o motivo confere poder. Você pode usar esse poder de três maneiras:

- Perguntar o motivo de tudo, de forma ofensiva, em todas as ocasiões, irritando e constrangendo seus superiores, fazendo-os se lembrar de seus filhos de 5 anos de idade em um de seus humores mais difíceis, e geralmente sem alcançar nada de bom para você ou para qualquer outra pessoa.

➲ Sutilmente e com discrição, aplicar o seu recém-descoberto poder para identificar oportunidades perdidas e armadilhas ocultas, desenvolvendo poderes de persuasão para levar outros colegas também a alcançar melhores cursos de ação.

➲ De forma particular, usar o poder de fazer as perguntas certas e da lógica superior para aumentar a sua eficácia pessoal de maneiras que você não deseja compartilhar com ninguém, exceto talvez com alguns poucos escolhidos.

COMO O FOCO NO DESEMPENHO DESTRÓI O DESEMPENHO

Já trabalhei numa empresa de software. No momento de planejar o orçamento, perguntei ao gerente geral no Reino Unido qual era a previsão de vendas para o ano seguinte. A resposta dele foi: "2,3 milhões de libras, mas estamos trabalhando para conseguir reduzi-la para 2,1 milhões de libras." Reduzi-la? Como assim? Não seria melhor aumentar as vendas?

Ao mesmo tempo, a empresa percebia que atenderia suas metas de orçamento anual com as transações com as quais já havia se comprometido. O principal executivo começou a tomar medidas concretas para adiar quaisquer vendas até o ano fiscal seguinte. Por que você não fecha um acordo o mais rápido possível e evita o risco de perdê-lo? E por que, quando o fluxo de caixa estava tão apertado, você iria querer atrasar o recebimento de grandes somas?

O lugar era um hospício. Mas, como acontece em muitos casos, o caminho para a loucura era um caminho de lógica perfeita, a partir de algumas premissas aparentemente razoáveis.

Na verdade, as duas premissas básicas da empresa de software eram estas:

➲ Esperamos ter um nível muito alto de certeza de que vamos cumprir o orçamento.

➲ Temos uma posição muito firme com pessoas ou unidades que apresentam desempenho abaixo do esperado.

Na verdade, não há nada de perverso em nenhuma destas premissas, mas não é difícil ver como elas levam à loucura.

O fato é: *a certeza vem à custa do desempenho*. Dito de outra forma: quanto mais você exigir que eu cumpra minha meta de produção, menos vou lhe oferecer. E, talvez ainda pior, menos sincero serei sobre o que eu poderia lhe oferecer. Posso até enxergar algumas oportunidades fabulosas, mas se percebo que a empresa vai me obrigar a alcançá-las a qualquer custo, vou fazer o possível para ter certeza de que ninguém mais saberá delas. Esta é a lógica do louco do início do capítulo: "Não vou nem me inscrever para entrar na escola realmente boa, porque talvez não consiga vaga."

Isso era o que estava acontecendo na empresa, e é muito comum. Havia forte expectativa de que as metas orçamentárias seriam batidas e que as pessoas seriam responsabilizadas caso ficassem abaixo das expectativas. Com razão, então, os funcionários queriam definir seus orçamentos o mais baixo possível. Por exemplo, a previsão de vendas era dividida em duas partes: "previsão" e "em projeto".

A ideia era que a "previsão" representava os negócios razoavelmente concretos e que tinham probabilidade de acontecer, enquanto "em projeto" eram oportunidades em um estágio anterior, que poderiam vingar ou não. Um colega meu perguntou a um dos vendedores sobre os critérios para passar uma transação da categoria de "em projeto" para "previsão". "Na verdade, não há diferença", foi a resposta. "É que se determinado negócio está na previsão e não dá certo, você se dá mal, por isso só passamos determinado negócio para essa categoria quando é absolutamente necessário."

Você poderia argumentar que este é um jogo relativamente inofensivo, mas tem algumas consequências bem graves.

A primeira consequência é que ele mata qualquer chance de uma discussão sincera e útil sobre o potencial de qualquer parte do negócio. Vamos discutir o que realmente poderíamos fazer nesse ramo no Reino Unido. Como poderíamos vender mais para os nossos clientes já existentes? Quem ainda não está comprando nossos produtos mas poderia se interessar e como poderíamos convencer esses potenciais novos clientes? Seria possível expandir nosso mercado atual de apenas bancos neste momento para companhias de seguros, ou gestores de fundos, ou fundos de hedge? Este é exatamente o tipo de discussão que você deveria ter, mas não pode. Toda vez que eu, como gerente geral do Reino Unido, tenho uma boa ideia para aumentar as vendas, o meu pensamento não é "excelente", mas "o que acontecerá se isso se tornar um dos meus objetivos e eu não conseguir cumpri-lo?". É uma aposta de mão única; cara, eu perco; coroa, eu não ganho.

A segunda consequência é que incentiva positivamente as pessoas a gastarem energia mental construindo argumentos que afirmem que a sua parte do negócio tem menos potencial do que realmente tem. Isso é um desperdício criminoso de energia. Este tipo de pensamento é difícil, e você deve concentrar-se em encontrar formas de melhorar – e não de diminuir – o seu negócio.

A terceira consequência é que ele estabelece uma oposição entre a administração e os administrados. Ora, sempre haverá alguma tensão entre aqueles que produzem os resultados e aqueles que os gerenciam, definem suas metas, os avaliam e recompensam, mas faz sentido evitar agravar essas tensões quando possível.

Este foco no desempenho também explica por que o principal executivo estava tentando reduzir as vendas no fim do ano. Assim que tivesse alcançado a meta de orçamento, ele estaria seguro. Qualquer receita adicional seria melhor para o ano seguinte, quando lhe daria uma vantagem no orçamento, do que se fosse acrescentada ao ano corrente. Havia uma completa divergência entre seus interesses como indivíduo e os interesses da empresa. Para a empresa, reduzir vendas era estúpido e arriscado. Havia o risco de a empresa afundar por completo. Talvez os orçamentos dos clientes fossem cortados, ou houvesse uma mudança na direção da empresa que passaria a não considerar o sistema uma prioridade, ou talvez o conselho decretasse um congelamento de gastos na empresa – quem conhece um pouco o setor de vendas sabe quantas coisas podem atrapalhar as vendas antes mesmo de os contratos serem firmados. Mesmo que nada disso acontecesse, os clientes poderiam ficar frustrados, compreensivelmente, com uma empresa que passou meses, se não anos, vendendo para eles e acabou desacelerando inexplicavelmente o ritmo de vendas diante do ponto crítico.

COMO OS ORÇAMENTOS INCENTIVAM GASTOS EXCESSIVOS

Quando eu era diretor comercial de uma empresa de consultoria de marketing, costumávamos ter bons resultados com pagamentos adiantados. Em determinado momento, tínhamos o equivalente a um terço do volume de negócios de um ano no banco por trabalho ainda não realizado. Quando se tratava de financiar nosso crescimento, recebíamos muito mais ajuda de nossos clientes do que do banco. Isso era ótimo para nós, mas talvez nem tanto para os nossos clientes. Nosso desempenho era particularmente bom mais para o fim do ano. Todo mês de outubro eu pedia aos gerentes de contas que entrassem em contato com todos os seus clientes e perguntassem se eles tinham algum dinheiro que gostariam de gastar antes do fim do ano. Isso costumava gerar uma boa resposta – a melhor de todas foi a seguinte: "Envie-nos uma fatura de 200 mil libras com alguma vaga descrição do trabalho. *Precisa* estar aqui antes do fim de dezembro; caso contrário, perderemos o orçamento. Podemos conversar no ano que vem sobre qual será o trabalho."

Assim como o orçamento vai impedi-lo de aproveitar oportunidades inesperadas, também o incentivará a gastar dinheiro para pouco efeito, simplesmente porque estava previsto. Se o valor orçado não é gasto até o final do ano, geralmente é perdido. Ainda pior: como muitos orçamentos são baseados em gastos do ano anterior, não gastar uma quantia em um ano pode atrapalhar a aprovação do orçamento do ano subsequente.

COMO OS ORÇAMENTOS IMPEDEM QUE VOCÊ PENSE SOBRE O FUTURO

Parece estranho. O objetivo de todo orçamento não é justamente pensar no futuro? Bem, não, a não ser que por "futuro" você queira dizer "futuro imediato, ou seja, em que supomos que nada vai mudar".

O que acontece com a construção do futuro é que ela:

① Envolve gastar dinheiro por mais de um ano, e quase sempre gastar mais em um ano do que você recebe.

② Funciona na sua própria escala de tempo, não na duração arbitrária de um exercício contábil.

③ É inerentemente incerto, com um nível de incerteza que não é aceitável em um processo orçamentário.

Para ilustrar o conflito entre a elaboração do orçamento e a construção do futuro, vou dar um exemplo de minha vida passada, em um grande grupo de mídia. O grupo, na época, não era conhecido por seu dinamismo estratégico, e decidiu que queria melhorar. Por isso, lançou um novo processo – o plano operacional. A ideia era a seguinte: "Em primeiro lugar, mostre o que você esperaria encontrar, nos próximos três anos, em seu negócio, se continuar fazendo o que está fazendo. Em seguida, apresente algumas ideias para novos desenvolvimentos. Para cada um deles, inclua os custos e as receitas envolvidos, mais uma vez em um período de três anos. Então nós, como grupo, poderemos ver todas as diferentes oportunidades de investimento disponíveis e escolher. Se escolhermos uma das suas opções, você terá nossa autorização para levar adiante o projeto."

Era um processo muito sensível, mas totalmente dependente do processo orçamentário. O plano operacional deveria ser submetido um mês antes do orçamento normal. Isso levantou o problema óbvio – o que acontece se o primeiro ano do plano operacional for diferente do orçamento, que abrange o mesmo período? É evidente que isto não era aceitável, de modo que o primeiro ano do plano operacional tinha que ser feito da mesma maneira, com o mesmo nível de detalhe, que o orçamento.

A maior parte da atenção recaiu sobre o primeiro ano, porque este se transformaria em um compromisso orçamentário. Como todo mundo estava com uma mentalidade voltada para elaborar um "orçamento" – centrado no detalhe, de forma cautelosa e muito fundamentada na realidade atual –, as ideias mais especulativas para os anos posteriores realmente não tinham a menor chance. Acabamos terminando o orçamento um mês antes do prazo, e praticamente não prestamos atenção ao futuro do negócio. O processo deveria ter sido completamente oposto: procurar as possibilidades de investimento para os próximos três anos, decidir qual delas seria a mais interessante, depois garantir que o orçamento do ano seguinte tivesse uma provisão adequada para o investimento escolhido. Quanto tempo leva para rever toda uma gama de novas oportunidades interessantes, escolher a melhor e planejá-la em um nível suficiente de detalhe para que você possa orçar no seu primeiro ano? Certamente, mais do que o mês que esse processo permitiu. O orçamento ganhou, o futuro foi perdido.

COMO OS ORÇAMENTOS INSPIRAM "CAUTELA ACIMA DE TUDO"

Quando é preciso ter cautela acima de tudo?

Quando você está sofrendo de visão de túnel, ou diante de um horizonte de tempo muito limitado. O problema surge quando você permite que seu pensamento seja dominado pelo ano seguinte. Você sempre pode melhorar os resultados e reduzir o risco, cortando os investimentos. A curto prazo, isso funciona bem. A longo prazo, é fatal. O Capítulo 3, sobre corte de custos, conta a história da empresa de baterias

Berec que impulsionou os resultados no curto prazo diminuindo o investimento no desenvolvimento de produtos.

A primeira coisa de que você precisa é de uma mudança de percepção. Neste caso, não necessita de drogas que alteram a mente. Uma imagem simples resolve:

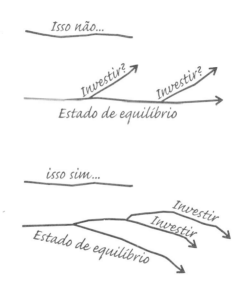

O falso pressuposto básico que faz com que a cautela acima de tudo pareça atraente é que existe um estado de equilíbrio para o negócio. Enquanto temos opções para investir, partimos do pressuposto tácito de que, se não fizermos nada de particularmente novo, as coisas vão continuar como estão. Tenha certeza de que, se você não fizer nada em particular, as coisas mudarão assim mesmo. E, normalmente, mudam para pior. Pergunte-se: que forças estão em ação para minar meu estado de equilíbrio? E o que existe para sustentá-lo? Considere a mudança tecnológica, as ações dos concorrentes existentes, o surgimento de novos concorrentes, mudanças econômicas, mudanças demográficas etc. Suspeito que a primeira lista será muito maior que a segunda.

Se você precisar reforçar a mensagem, faça isso. Pense cinco anos para trás. Quais eram os seus principais produtos e clientes favoritos? Onde eles estão agora? Provavelmente muito menores.

Projete para o futuro, usando a mesma taxa de redução. Pode haver um argumento para pressupor uma taxa de redução mais rápida. Eu ficaria surpreso se houvesse um argumento a favor de usar uma mais lenta. (Se você não consegue se lembrar dos principais clientes ou produtos de cinco anos atrás, o ponto está provado.)

Há um paradoxo psicológico horrível em ação aqui. Em tempos de mudanças rápidas e confusas, ou em épocas de estresse econômico, o familiar está cada vez mais ameaçado. E, no entanto, é exatamente nesses momentos que, instintivamente, o *status quo* se torna cada vez mais atraente, e a mudança (automotivada, ou seja, sem ser uma reação aos eventos), cada vez mais ameaçadora.

Você poderia considerá-lo um exercício de paranoia criativa. E, como Andy Grove, da Intel, observou de forma tão conhecida, só os paranoicos sobrevivem.

ORÇAMENTO E PLANEJAMENTO SEPARADOS

Muitas organizações gostam de agrupar o processo orçamentário e de planejamento, mas isso é parte do problema. O processo de elaboração de um orçamento é muito detalhista, enquanto pensar sobre o futuro é muito mais amplo. Na análise orçamentária, você se preocupa se o novo gerente de vendas vai começar no mês certo. Ao pensar sobre o futuro, você se preocupa se determinado mercado existe ou não. Estas são duas atitudes completamente diferentes. Se você quisesse ser radical, poderia dizer que pessoas diferentes deveriam estar à frente de cada processo. Na prática, isso será quase sempre pouco realista. Tente, tanto quanto possível, montar uma equipe de indivíduos detalhistas e de indivíduos com uma visão mais abrangente, e acompanhe de perto o equilíbrio entre eles. No processo de orçamento, os detalhistas devem liderar. Ao pensar sobre o futuro, eles devem ficar em segundo plano.

COLOQUE O ORÇAMENTO A SERVIÇO DO LONGO PRAZO

Existe uma tensão necessária e inevitável entre o curto prazo, ao qual o orçamento pertence, e o longo prazo. Por mais que queiramos acreditar no contrário, melhorar, ou até mesmo preservar, o negócio no futuro envolve algum sacrifício nos lucros de curto prazo. Nessa luta entre o longo prazo e o curto prazo, o orçamento tem suas vantagens. Ele é mais detalhado e, portanto, mais confiável. Planos de longo prazo estão cercados por incertezas preocupantes, enquanto o orçamento está enraizado no dia de hoje. Ele inspira mais confiança.

Você pode demorar muito aprimorando um orçamento, pensando em cada último detalhe, enquanto o futuro a longo prazo é menos claro. É mais fácil estabelecer uma relação direta entre os orçamentos e as ações diárias.

Para garantir que não vai sacrificar o longo prazo em nome do curto prazo, é preciso pensar seriamente em como lidar com os dois.

Faça o plano de longo prazo primeiro. Se você lidar com orçamentos em setembro ou outubro, tente ter planos de longo prazo estabelecidos bem antes de começar. Isso provavelmente significa trabalhar neles no meio do ano. O que quer que faça, não tente fazê-los juntos.

Separe as despesas correntes e o investimento de longo prazo. Ou seja, coloque-os em folhas diferentes, ou em diferentes linhas do orçamento. Se você tiver uma linha, digamos, para marketing, e ela incluir tanto o marketing que sustenta o negócio existente quanto o que desenvolve um novo mercado, então o mercado nascente não terá a mínima chance. Na primeira ocasião em que enfrentar alguma pressão, o dinheiro do desenvolvimento será cortado. As receitas correntes não são afetadas, e todo o mundo fica feliz.

USE A REGRA DO RETORNO DO INVESTIMENTO

Devo esta regra a Mike, um capitalista de risco que fazia parte do conselho de uma empresa onde eu era diretor financeiro. Ele passava a maior parte das reuniões do conselho ouvindo com atenção, só falando quando alguém dizia que precisávamos gastar algum dinheiro. Ele então nos lembrava da regra do retorno do investimento:

> *Todo dinheiro gasto é uma decisão de investimento. Você não gasta porque está no orçamento. Você não gasta porque gastou a mesma quantia no ano anterior. Você não gasta porque Fred pediu demissão e você precisa substituí-lo por alguém com semelhante salário. Você gasta dinheiro porque gera retorno.*

Esta regra é muito profunda em sua simplicidade, e pode ser aplicada em muitas circunstâncias diferentes. Voltando ao nosso estudo de caso anterior, ela teria resolvido muito rapidamente a questão sobre se Mark deveria gastar mais dinheiro anunciando seu software de planejamento tributário. Também ajudará você a reduzir os custos de forma muito mais inteligente, se necessário. Às vezes, a regra dirá que é preciso gastar menos; outras vezes, dirá o contrário.

Tente esse exercício incomum – revise cada linha do seu orçamento e pergunte: "O que esta área precisa fazer por mim para me fazer querer gastar *mais*, e não menos?"

A regra sugere que você não deve ter um orçamento de marketing. Você deve ter um processo de avaliação de investimento em marketing. Procure o maior número possível de oportunidades para gastar o dinheiro de marketing de forma a produzir um retorno positivo, e invista em todas. A Amazon fazia isso. A empresa sabia que fazia sentido pagar até 33 dólares para adquirir um novo cliente. Se alguém pudesse oferecer uma fonte de novos clientes bons por 33 dólares ou menos, era negócio fechado. A Amazon comprava todos os clientes que lhe eram oferecidos. Será que a Amazon estava acima ou abaixo do orçamento de marketing, se é que ele existia?

A pergunta é irrelevante, porque a companhia sabia que qualquer dinheiro que gastasse seria bem-gasto. Tive uma discussão semelhante com uma empresa de equipamentos médicos. A empresa havia tido bons resultados em uma feira de negócios no ano anterior, por não ficar parada no seu stand à espera dos clientes, mas enviando dois representantes pelos corredores para abordar possíveis futuros clientes. Com base nisso, estava pensando em mandar três representantes no ano seguinte. Perguntei quantos potenciais clientes poderiam haver na feira, e percebemos que três pessoas ainda era pouco. Teria feito sentido mandar dez.

Para usar a regra de retorno do investimento (ROI) será preciso mudar o papel do seu departamento financeiro. Em vez de ser a polícia do orçamento, os funcionários do departamento precisam se tornar capitalistas de risco em pequena escala, atuando dentro da própria empresa. Eles vão avaliar propostas de investimento e vão ficar encarregados de conseguir fundos para as que passarem no teste.

EXPECTATIVAS, NECESSIDADES E POSSIBILIDADES SEPARADAS

São coisas distintas:

- ⇒ Expectativa é o que eu acho que vai acontecer.
- ⇒ Possibilidade é o que poderia acontecer, ou o que eu realmente quero que aconteça.
- ⇒ Necessidade é o que precisa acontecer de qualquer jeito.

No contexto de um orçamento, podemos dizer:

- ⇒ Temos que fazer pelo menos 1 milhão de libras este ano; caso contrário, estaremos fritos (necessidade).
- ⇒ Acho que realmente poderíamos faturar 1,2 milhão de libras (expectativa).
- ⇒ Temos chances de chegar a 1,4 milhão de libras (possibilidade).

Dito desta maneira parece simples, quase embaraçosamente simples. E, no entanto, quantos orçamentos realmente reconhecem os três números diferentes? Os mesmos orçamentos tentam fazer com que um só número atenda aos três objetivos, com resultados previsivelmente deprimentes. Aqueles que serão responsáveis por alcançar as metas estabelecidas no orçamento empenham-se em diminuir as expectativas ao mínimo necessário, e ninguém sequer pensa em possibilidades.

Reconheça a incerteza, a ponto de enxergar as necessidades, expectativas e possibilidades, e o processo orçamentário poderá começar a render bons frutos.

CAPÍTULO 6

MÁXIMAS ÚTEIS

COMO VOCÊ ESCOLHE UMA REGRA DE OURO?

Precisamos de regras de ouro porque não temos tempo para resolver tudo a partir do zero. No filme *Amor sem escalas* o personagem interpretado por George Clooney está no aeroporto, procurando a fila de check-in mais rápida. Ele entra em uma fila atrás de um grupo de chineses, e explica à companheira de viagem por que escolheu aquela fila: "Os asiáticos viajam de forma eficiente." Ela o repreende por preconceito racial. "Eu sou como a minha mãe", responde ele. "Crio estereótipos. Poupa tempo." Neste caso, ele está sendo sensível, pois o fato marcante desse personagem é que ele passa a vida viajando, indo e vindo de aeroportos, e por isso teve oportunidade de observar o que acontece.

Tenho minhas próprias regras de ouro, também derivadas da experiência. Sei que o custo total de uma refeição em um restaurante é muito consistentemente duas e meia a três vezes o custo do prato principal. Em uma viagem à Índia, onde os ônibus não pareciam ter horário fixo, calculei que, em estradas planas, os ônibus percorriam quarenta quilômetros por hora de forma muito consistente, e os tempos de viagem eram de fato muito previsíveis.

Todas essas são regras de ouro derivadas da experiência pessoal e observação, e são úteis. O perigo surge quando adotamos regras de outras pessoas. Podem ser resquícios de uma época mais antiga, ou talvez tenham sido desenvolvidas em circunstâncias muito diferentes; ou, ainda pior, podem ser atraentes mais porque parecem boas do que por realmente funcionarem. De fato, existe um grande volume do que poderíamos chamar de sabedoria popular dos negócios, que nos atrai por razões que nada têm a ver com a eficácia. Estas são as máximas e as regras de ouro com as quais precisamos tomar cuidado, e elas estão em toda parte. Vou passar por uma longa lista, mas certamente existem outras. É por isso que também vou incluir os Seis Pilares das Péssimas Ideias, ou seja, as seis formas mais frequentes como ideias ruins podem parecer atraentes. Lembre-se desses exemplos e poderá identificar quando um simpático aforismo estiver prestes a levá-lo para o mau caminho.

Se não estiver quebrado, não conserte

Esta geralmente é uma péssima ideia, se aplicada a qualquer coisa importante. Mesmo se não estiver quebrado, alguém em algum lugar está empenhado em quebrá-lo. As empresas bem-sucedidas procuram nunca se esquecer disso. Vejamos duas empresas que ganharam muito, durante muito tempo, no negócio de computadores: a Intel e a Microsoft. E, como já mencionei, foi Andy Grove, quando à frente da Intel, que observou que "só os paranoicos sobrevivem". Kevin Turner, COO da Microsoft, descreveu recentemente o "nível saudável de insegurança" que impulsiona a constante inovação da Microsoft. O negócio de sistema operacional para PCs da Microsoft não está quebrado – na época em que este livro foi escrito, o Windows 7 estava vendendo muito –, mas a Microsoft está empenhada em desenvolver sua presença na computação em nuvem, o que poderia, eventualmente, acabar com o sistema do Windows convencional.

Mesmo que ninguém esteja trabalhando ativamente para quebrar o seu produto ou serviço, tudo tem um ciclo de vida natural. Segue uma curva em S:

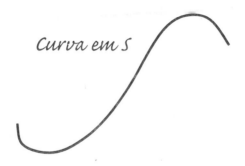

Qualquer produto, trabalho ou empresa começa pequeno, depois, atinge a maturidade, e, em seguida, começa a declinar. Em alguns setores, isso é muito óbvio. Na Intel, por exemplo, 90% da receita de dezembro vêm de produtos que não estavam nas prateleiras em janeiro. O corolário disso é que 90% de sua receita de janeiro vêm de produtos que estarão liquidados até o final do ano. Na Intel não existe ilusão nesse campo – o negócio existente precisa ser recriado a cada ano.

O perigo surge quando a evolução do negócio é mais lenta. Ou seja, quando surge o risco. Dois anos é muito tempo no mundo dos negócios, e cinco anos é uma eternidade. Se o ritmo da mudança é tal que uma mudança significativa só é visível ao longo de dois anos ou mais, você terá que fazer um esforço consciente para expandir sua perspectiva.

Volte no tempo e verá que tudo que você ou seus antecessores estavam fazendo agora está acabado. Em seguida, olhe para a frente – tudo que você está fazendo agora também vai acabar. A pergunta é: você deve esperar até que comece a acabar, ou deve trabalhar na próxima geração de produtos enquanto seu negócio atual ainda está forte? Eu mesmo, se tiver que construir um novo negócio, prefiro fazê-lo enquanto o meu negócio atual está indo bem, enquanto tenho dinheiro suficiente e a confiança está em alta.

O princípio do "Se não estiver quebrado" é, fundamentalmente, uma receita para a complacência, para se contentar com algo bom o suficiente, e não com tão bom quanto possível. Fomos muito forçosamente lembrados recentemente que tudo muda, e o "bom o suficiente" pode tornar-se ruim com muita rapidez. Até 2008, tivemos um longo período de crescimento econômico, e o crescimento pode esconder muita mediocridade. A recessão tornou isso dolorosamente óbvio para muitas pessoas. Se você se preocupa com a longevidade de seu negócio, bom o suficiente simplesmente não é bom o suficiente.

Qual é o antídoto? Você pode muito bem ouvir a si mesmo, ou outra pessoa, na verdade, repetindo o ditado "Se não estiver quebrado, não conserte", caso em que você sabe que precisa fazer uma pausa por um momento e garantir que isso ainda faz sentido. Na maior parte das vezes, porém, você não pensa: "Não está quebrado, então não vou consertar." Esta é a situação mais perigosa. Aqui estão duas técnicas para determinar quando algo está prestes a quebrar e se você precisa fazer algo a respeito.

O primeiro usa a inestimável curva em S mencionada. Pegue todas as suas atividades, ou todos os seus produtos, ou todos os seus clientes, e localize-os na curva. Uma boa distribuição seria mais ou menos assim:

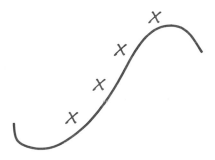

Há alguns novos produtos chegando, garantindo o futuro. Existem alguns produtos no meio de suas vidas que estão gerando bons lucros. Há também alguns produtos que estão chegando ao final de suas vidas úteis. Eles provavelmente estão diminuindo de volume, o que lhe dá a oportunidade de torná-los seriamente rentáveis durante um pouco mais de tempo, na verdade, "quebrando-os". Eles serão encerrados em breve, então você pode tomar alguma ação decisiva sabendo que o pior que pode acontecer é acelerar o processo. Você pode se dar ao luxo de ter uma posição firme sobre preços; todos os clientes que ainda usam esses produtos quase obsoletos são, provavelmente, muito apegados a eles, e muitos de seus concorrentes pararam de fabricá-los. Alternativamente, você pode diminuir o apoio dado à comercialização desses produtos que estão chegando ao fim de suas vidas úteis. Economiza dinheiro, e esses produtos não estão trazendo novos clientes de nenhuma maneira. Eles são quase quebrados.

Por outro lado, se a sua curva for parecida com esta, você terá um problema:

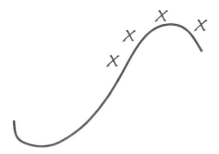

Tudo está no fim da sua vida. Não há novos produtos chegando, nem nenhuma fonte confiável de renda para assegurar seu negócio nos próximos anos. Essa é uma emergência que não parece uma emergência. Nada está quebrado ainda, mas tudo está prestes a quebrar.

Espero que quando você desenhar a curva em S do seu negócio ela não se pareça nada com esta segunda curva. Para ter certeza de que você nunca acabará nessa posição, desenhe a imagem como está e, em seguida, faça uma projeção para daqui a alguns anos. Desloque tudo alguns anos para a direita; o que lhe parece? Agora você sabe o que precisa fazer para garantir o futuro com novos produtos ou novos clientes.

Se estiver quebrado, não conserte

Há muitas razões pelas quais tentar consertar algo que está "quebrado" pode ser má ideia (há algumas boas razões pelas quais poderia ser bom também, por isso tome cuidado).

Existe uma pergunta muito importante a ser feita antes de você decidir se deve corrigir algo. *O que eu estaria fazendo se não estivesse tentando corrigir esta situação?*

Você poderia estar:

- Construindo algo novo.
- Reforçando algo que já funciona.
- Tomando medidas preventivas para corrigir algo que está prestes a quebrar. (Talvez o tempo dedicado a consertar alguma coisa pudesse ser usado para evitar que outras três quebrassem.)

Você precisaria saber se aquela situação é realmente solucionável ou não. Às vezes, isso é um problema com produtos novos que não estão indo bem. Eles não estão funcionando, mas será que chegaram a funcionar? Será que eles têm alguma chance de funcionar? Se um projeto ou produto é precioso para nós, é fácil ficar obcecado tentando fazê-lo funcionar, mesmo quando qualquer observador perspicaz seria capaz de concluir que não havia chance alguma de ele funcionar como deveria.

Um erro comum é tentar consertar as coisas que costumavam funcionar bem mas que agora já não dão bons resultados. Empenhar-se mais em consertar algo que não vai bem de alguma forma parece uma opção mais fácil do que pensar em algo diferente. Pensar em algo novo pode revelar indícios de que o mundo de fato mudou, que a abordagem precisava mudar ou que era necessária uma abordagem completamente nova. Às vezes, a dor envolvida é psicológica. Construir o negócio atual pode dar a estranha sensação de que estamos "matando nossos próprios filhos" em vez de "nos reinventando".

Vivi uma dessas situações quando era diretor de uma consultoria de marketing. Como já mencionado, nossa especialidade era ajudar as companhias farmacêuticas a desenvolver mensagens de marketing para novos produtos usando seus dados clínicos. No início da década de 1980, esta era uma ideia radical, quase magia negra. Ninguém sabia bem como funcionava, mas todo mundo queria. Ao final da década, o mistério tinha acabado, mas ainda era um serviço de alto nível e muito bem-pago. Em meados da década de 1990, a mística evaporara. O serviço era visto como mercadoria, e as empresas que o forneciam viram-se vendendo não para os gerentes de marketing que estavam interessados no valor, mas para gerentes de compras profissionais que só queriam o menor preço. Ao mesmo tempo, havia menos novos projetos (as empresas farmacêuticas não estavam desenvolvendo novos produtos), e a ênfase estava passando da comunicação clínica (promover produtos para médicos que não sabiam o custo dos medicamentos nem se importavam com isso) para a farmacoeconomia (convencer economistas e contadores, que agora controlavam as decisões relacionadas com a prescrição, de que o medicamento daquela empresa oferecia o melhor retorno do investimento).

Com o benefício da visão em retrospecto, a conclusão estava clara. A festa chegara ao fim. Precisávamos nos reinventar como consultores de comunicação em farmacoeconomia ou fechar as portas.

Não foi o que fizemos, é claro. Redobramos os nossos esforços nas áreas em que tivemos sucesso no passado. Trabalhamos com mais afinco. Trabalhamos durante mais tempo. Recrutamos mais pessoas para trabalhar nas vendas. Com isso, quero dizer que recrutamos pessoas de vendas a um preço mais alto (e, realmente, os salários foram ficando cada vez mais altos, já que todas as empresas do setor tentavam aumentar sua força de vendas). Fizemos mais visitas de vendas. Viajamos mais de avião. Investimos mais em frases feitas – mas sem sucesso...

Não são apenas as empresas que cometem esse erro. Países inteiros podem fazer o mesmo. Pense no Reino Unido nas décadas de 1960 e 1970, que vivia um momento de prosperidade proveniente de suas reservas de petróleo no mar do Norte. Mas o que ele estava fazendo com o dinheiro? Tentava desesperadamente sustentar indústrias moribundas que foram gloriosas no passado: carvão, construção naval, automóveis, aço bruto – setores que sustentaram a economia do país em determinado período, mas que outros países agora poderiam produzir de forma melhor ou mais barata. Não deu certo, é claro. Nenhuma quantidade de dinheiro governamental poderia resistir às forças econômicas em ação. A única coisa que o país conseguiu foi atrasar o inevitável e piorar a carnificina industrial do início da década de 1980. Como seria o Reino Unido hoje se tivesse investido todos esses recursos nas indústrias do futuro?

Então, como saber quando é a hora certa de abandonar as perdas e concentrar seus esforços em outro lugar?

Aqui estão algumas maneiras de evitar ficar obcecado pelo fracasso:

- *Adote a regra de "corrigir apenas uma vez".* Se algo não está funcionando, você pode tentar consertá-lo. Se ainda assim não funcionar, esqueça e siga em frente.
- *Pense sobre o custo da oportunidade.* Quantifique-o. Se você está empenhado tentando corrigir alguma coisa, veja o tempo e o dinheiro que está gastando com isso e procure uma opção melhor. Será que é mais atraente? Se for, mude o foco.
- *Cuidado com o ponto em que os retornos começam a diminuir.* Este pode ser um bom indício de que algo está quebrado além do ponto em que pode ser economi-

camente consertado. Na consultoria de marketing, por exemplo, a verdadeira dica foi que nossos esforços de venda estavam se transformando em retornos cada vez menores. Eram necessários cada vez mais funcionários de vendas, que realizavam cada vez mais visitas para gerar o mesmo número de oportunidades de proposta, e cada vez mais investimento em demonstrações de vendas somente para ter alguma credibilidade, sem garantia alguma de ganhar o negócio.

⮆ *Defina metas claras para o sucesso.* Quando você iniciar um novo projeto, tenha claro em sua mente não apenas a possibilidade de sucesso, mas também quais são os primeiros indícios de sucesso. Vamos dizer que o sucesso é "vender 10 mil unidades por mês, depois de três anos". Três anos é muito tempo para esperar. Existe algum marco que pode ser definido antes? Talvez a sua meta deva ser "vender mil unidades por mês depois de nove meses" ou "ser adotado por cinco clientes existentes dentro de um ano". Pode ser bem difícil abortar um projeto que está claramente afundando, mas será muito mais difícil matar algo que está claramente caminhando para o fracasso. Ter metas predeterminadas e claras facilita muito o processo.

⮆ *Tente minimizar o investimento emocional.* Peter Drucker pôs o dedo na ferida quando inventou uma classificação de produtos, incluindo a categoria de "investimentos no ego gerencial". A última coisa que você vai querer fazer é acabar com o seu ego, ou o seu prestígio ou a sua reputação, vinculando-o a um projeto fracassado. Existe um equilíbrio complicado aqui – você e os outros precisam fazer algum investimento emocional em um projeto, caso contrário, ele nunca vai avançar; mas, se for demais, você poderá simplesmente não enxergar a realidade.

Lembre-se constantemente de ignorar custos já incorridos:

- ➲ O projeto A requer um investimento de 1 milhão de libras no próximo ano e vai produzir um retorno de 1,2 milhão de libras.
- ➲ O projeto B requer um investimento de 1 milhão de libras no próximo ano e vai produzir um retorno de 2 milhões de libras.

Faz diferença o fato de que já foram gastos 5 milhões de libras no Projeto A (antes de ter produzido qualquer tipo de retorno) enquanto nem um centavo foi gasto com o Projeto B? Não deveria, mas muitas vezes faz. A lógica é inevitável, mas a psicologia é mais complicada. Os economistas comportamentais sabem que o valor que atribuímos a alguma coisa depende muito do que tivemos que pagar para adquiri-la, independentemente do seu valor no futuro.

Aja agora

Isso é superficialmente atraente, mas o apelo baseia-se em dois pilares comuns das Péssimas Ideias:

- ❶ Pensamento mágico
- ❷ O fator bem-estar

Existe uma qualidade mágica atraente na ideia de que, se quisermos resolver um problema, podemos simplesmente agir. Raciocínio lógico, planejamento, escolha dos meios adequados, análise das possibilidades e do risco, verificar se o resultado vale a pena o esforço? Nada disso é necessário.

Ela também nos faz sentir bem. A ação, sobretudo se for dramática e dolorosa, é boa.

O único problema é que esta é a lógica da Primeira Guerra Mundial. Não está ganhando a guerra? Mande mais homens para o abate. A estratégia está funcionando agora? Não; então faça mais do mesmo.

A resposta é muito simples. Certifique-se de que você tem um plano. Assim que começar a agir, faça pausas ocasionais para verificar se os resultados estão surgindo conforme você esperava. Se não, pare ou redirecione sua ação.

O fracasso não é uma opção

O que significa quando alguém diz isso? Se for apenas "fracassar seria muito, muito ruim", então é só um truísmo, mas, em geral, quando você ouve isso, mais alguma coisa está em jogo. Um pensamento mágico está presente, a ideia de que podemos simplesmente escolher um pequeno número de projetos e determinar que eles não poderão dar errado de jeito nenhum. Remonta aos contos de fadas e às lendas em que você tinha uma bandeira mágica que podia acenar, ou uma corneta mágica que você tocava para receber ajuda. Nas histórias, em geral, o elemento mágico só pode ser usado uma vez, ou talvez até três vezes no máximo.

O pensamento mágico é maravilhoso nos contos de fadas, mas o histórico de resultados no mundo real não é encorajador. Recusar-se a considerar a possibilidade de fracassar pode realmente aumentar as chances de fracasso, de várias maneiras.

- *Cria rigidez.* Temos que manter o plano, pois modificá-lo seria um "fracasso", que não é uma opção nesse caso. Em última análise, fracassamos diante da possibilidade de sucesso porque o sucesso não é o que você esperava.

- *Cria cegueira.* Existem forças em ação que não podemos controlar – concorrentes, mudanças na tecnologia ou mudanças nas necessidades dos nossos clientes. Algumas delas podem nos levar ao "fracasso". Se não reconhecemos a possibilidade de fracasso, não temos condições de avaliar com clareza o que está acontecendo nessas áreas. Ignoramos a realidade até ela nos alcançar.

- *Cria dissimulação e desonestidade.* Muitas vezes os clientes me pediram para resgatar projetos que estão afundando ou que já afundaram. Quase invariavelmente, esses projetos vinham afundando havia algum tempo antes de a diretoria perceber que algo estava errado. Os gerentes do projeto sabiam que estavam com problemas, mas passaram meses tentando encobri-los.

Pode parecer paradoxal, mas a melhor maneira de prevenir o fracasso é aceitar que esta possibilidade existe. Evite o pensamento mágico, e se envolva com a realidade. Algumas boas ideias incluem:

- Esteja atento aos primeiros sinais de alerta.
- Seja sincero sobre os riscos envolvidos.
- Planeje opções.
- Reduza as perdas no início do processo se houver problemas.
- Reconheça formas alternativas de sucesso.

Just Do It

Este é um brilhante slogan. Já vendeu bilhões em kits esportivos da Nike. Também é popular no mundo organizacional, em que exemplifica a crença de que, com vontade, coragem e determinação suficientes, tudo é possível. Realmente estimulante. Só tem um problema: isso não acontece.

O engraçado é que o slogan está associado com atletas de elite, mas quando você vai ver o que os atletas realmente fazem, é exatamente o oposto. Ninguém acorda de manhã, se alonga e "simplesmente vai" para as Olimpíadas ou "simplesmente corre" uma maratona.

Eles têm planos de treino detalhados, que estabelecem exatamente o que precisam fazer a cada dia, nos meses ou anos que antecedem o evento.

Eles têm todo um grupo de apoio formado por instrutores, treinadores, fisioterapeutas, nutricionistas e psicólogos que os ajudam a se preparar.

Eles têm foco. Se você pretende correr a maratona na próxima Olimpíada, precisa se concentrar nisso. Você não tenta aprender a tocar piano e começa um negócio ao mesmo tempo.

Então, aqui estão algumas perguntas para quem se sente tentado a aplicar o slogan da Nike na sua organização.

Você tem um plano? Você realmente sabe os passos que precisa seguir para chegar ao resultado desejado? Está sendo realista a respeito da quantidade de tempo de que precisa para desenvolver os recursos necessários?

Você está fornecendo o suporte necessário para que o seu pessoal alcance o sucesso? Se os atletas de elite precisam de um grande elenco de apoio para dar o melhor de si, decerto o mesmo acontece com a sua equipe, formada provavelmente por pessoas mais comuns.

Você tem foco suficiente? É tentador lançar uma iniciativa deste tipo esta semana, depois outra na semana seguinte e outra um mês depois disso. Você precisa ser realista sobre quanto tempo as pessoas têm, e com quantos objetivos diferentes podem lidar ao mesmo tempo. Seja honesto consigo mesmo e admita que é menos do que você realmente gostaria.

Just do it [literalmente, "Simplesmente faça"] é tentador. É inspirador, mas no fim das contas é uma forma de pensamento mágico.

Qual é a alternativa? Toda vez que você estiver tentado a agir assim, pense no seguinte:

- ⮂ Tenho um plano e tenho motivos para acreditar que meu plano poderia funcionar?
- ⮂ Possuo as habilidades e os conhecimentos necessários?
- ⮂ Tenho acesso ao apoio necessário?

Se você está dizendo "Simplesmente faça" para outra pessoa, sem dúvida precisa explorar essas perguntas.

Administração do tempo

A administração do tempo é uma grande indústria – livros, seminários, produtos de software e inúmeras agendas e organizadores bacanas. Essa indústria tem algo em comum com o filão dos produtos voltados para perda de peso e de boa parte do mercado de autoajuda e autoaperfeiçoamento. É sustentada por um segredinho que, quando você para e pensa, percebe que não é segredo algum: *a administração do tempo é uma indústria gigante porque não funciona.* Compare-a com uma indústria muito menor que funciona –

aprender a andar de bicicleta. A maioria das pessoas aprende a andar de bicicleta sozinha ou com os amigos, pais ou irmãos mais velhos. Talvez tenha até algumas aulas, provavelmente mais sobre segurança do que realmente pedalar, mas nada muito complicado. Qualquer um que queira andar de bicicleta consegue aprender muito facilmente. Esse é o paradoxo: a administração do tempo é uma indústria muito maior do que a das bicicletas porque andar de bicicleta satisfaz os seus clientes, e a administração do tempo, não.

Participei de um curso sobre gerenciamento de tempo. Você já participou de um curso sobre gerenciamento de tempo. Acho que quase todos que estão lendo este livro já participaram de algum curso sobre gerenciamento de tempo (a editora tem distribuição limitada nos rincões da floresta amazônica, que é o único lugar onde ainda se pode encontrar algumas tribos primitivas que não participaram de cursos sobre administração do tempo ou que não são proprietárias de um organizador pessoal). E, no entanto, será que valeu a pena?

A minha experiência em um curso desse tipo foi surreal. Nossa diretora executiva levou a empresa toda para um hotel no centro de Londres para um dia inteiro de treinamento em administração do tempo, um curso bem superficial, em um pacote muito bem-preparado e muito caro. Após cada intervalo, o grupo inteiro se atrasava para iniciar a sessão seguinte enquanto ela falava ao telefone. Adivinhe o quanto melhoramos como empresa como resultado de nosso dia de treinamento.

E, ainda assim, a administração do tempo continua a ser um grande problema. Várias vezes, quando me chamavam para solucionar problemas, era para assumir o lugar de um diretor financeiro que tinha falhado e que fora demitido. O gerenciamento do tempo, pude verificar, sempre era uma parte significativa do problema.

Lembro-me de uma sessão durante o processo de transferência, quando passei horas com o antigo diretor financeiro e o contador revendo as contas da empresa nos mínimos detalhes. Pareceu-me que o contador financeiro era o único que sabia o que estava acontecendo, e que ele era perfeitamente capaz de lidar com a situação por conta própria. Foi uma sessão difícil para mim, em parte, porque era muito chata, mas principalmente porque tinha uma voz no fundo da minha cabeça martelando: "Temos uma dificuldade concreta em cobrar nossos clientes. O sistema está quebrado e, se não o consertamos, de acordo com novos contratos bancários, os investidores precisarão entrar com vários milhões de libras. Será que este não deveria ser o foco da nossa reunião?"

Os profissionais chamados para transformar as empresas, cujo ponto de partida básico é o fato de eles serem bem-sucedidos onde os outros falharam, trabalham com o princípio de que nunca devemos ter mais de três prioridades. O princípio certamente funcionou para mim; em geral, uma das minhas primeiras medidas em missões como essa era analisar cuidadosamente a agenda do meu antecessor e cancelar reuniões, não participar de outras tantas, cancelar projetos não essenciais e desistir de outros projetos. Só então eu realmente poderia começar a fazer algo de útil. Por que precisamos esperar que uma crise aconteça?

A solução de Nancy Reagan para o problema do gerenciamento do tempo

Esqueça a prioridade A/B/C, esqueça urgente *versus* importante, jogue fora sua agenda e desinstale o software. A esposa do ex-presidente Ronald Reagan tem a resposta para todos os problemas de gerenciamento do tempo, e é brilhantemente simples:

"Basta dizer 'não'."

Nancy tinha em mente o uso de drogas quando lançou esta máxima brilhante, mas ela se aplica perfeitamente bem ao abuso do tempo.

❶ Basta dizer "não" para atividades de baixo valor.
❷ Basta dizer "não" às coisas que outras pessoas podem fazer melhor.
❸ Basta dizer "não" para as soluções complicadas.

O método de Nancy tem o apoio de outros gurus com credenciais mais sólidas no mundo empresarial também.

Peter Drucker até inventou uma palavra especial (e feia) para ele. Drucker escreveu que, assim como você prioriza algumas tarefas, deve "posteriorizar" outras. Este é um eufemismo para "não fazê-las". É interessante especular por que Drucker, que geralmente escrevia de forma tão clara e direta, precisou inventar um eufemismo feio neste caso. Voltaremos a este ponto mais adiante.

O colega especialista em gestão Tom Peters exorta você a criar uma lista de "tarefas a realizar" e outra de tarefas para "não realizar". É a mesma ideia.

O objetivo dos dois é o mesmo. Se a sua lista de tarefas a realizar é extensa demais, simplesmente reorganizar ou reclassificar a lista não vai ajudar. Você precisará eliminar tarefas da lista.

A solução é clara. Mas isso não resolveu o seu problema ainda, não é?

Por que a solução brilhante de Nancy não funciona?

A solução "Basta dizer 'não'" aplicada para evitar o uso de drogas era clara, direta e completamente convincente *para o tipo de pessoa que nunca faria parte da população de risco para uso de drogas em primeiro lugar.* Se você estivesse em risco por razões sociológicas ou psicológicas, ou já viciado, a solução não ajudava em nada.

O mesmo é verdade quando se trata de aplicar a solução para o problema do abuso de tempo. A nível racional, é ridiculamente fácil, mas se quisermos encontrar uma maneira de aplicá-lo, é preciso aprofundar a política, a sociologia e a psicologia tanto em termos pessoais quanto organizacionais.

A verdadeira razão para o abuso do tempo

Por que é tão difícil dizer "não"? Será que é porque, como muitas pessoas argumentariam, seus chefes não autorizam? Não acredito nisso. Quem já trabalhou em uma organização sabe que todos têm um repertório de técnicas para não fazer o que não querem fazer, mesmo se o chefe quiser. Resistência passiva, atraso, confusão, distração e desorientação não faltam. Quem já foi gerente sabe que as pessoas são infinitamente hábeis em fazer o que querem fazer, e não o que você quer que elas façam. A questão é mais por que elas escolhem fazer coisas que não as torna eficazes, que as deixam estressadas e sobrecarregadas e que, em alguns casos, as leva ao fracasso e à demissão. Pense, por exemplo, no diretor financeiro que mencionei, analisando aspectos técnicos das contas anuais, em vez de lidar com um problema operacional grave. Ele não poderia argumentar que fora pressão da chefia como uma razão para isso; o principal executivo não tinha nenhum interesse nas contas anuais, mas estava nervosíssimo a respeito do problema da cobrança.

Não, desculpe, "eles não vão me deixar fazer isso de outro modo" não funciona. Para cada mau administrador do tempo em apuros por estar ansioso para agradar existem dez outros que vivem no seu próprio mundinho, agindo de forma independente do chefe ou dos colegas, sem se preocupar com as consequências para suas próprias carreiras ou sua sanidade.

Por que isso? Por que um comportamento tão irracional? Mais uma vez, para responder à pergunta é preciso abandonar a lógica comum em favor da lógica psicológica. Aqui aplico a minha formação matemática. Se um problema é difícil demais, provavelmente é porque você o formulou incorretamente. Muitas vezes, mudar o enfoque torna o problema simples. Neste caso, o diagrama a seguir faz com que a solução seja óbvia.

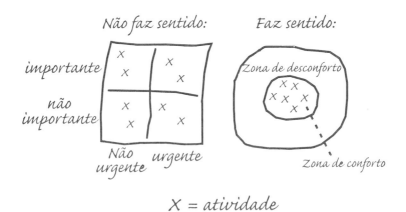

Gurus do gerenciamento do tempo aconselham-nos a classificar as nossas tarefas em urgentes ou não urgentes e importantes ou não importantes. Em seguida, devemos concentrar nossos esforços nas tarefas importantes, dando especial atenção às importantes, mas não urgentes. Bons conselhos, mas quando você inclui as atividades da maioria das pessoas em uma matriz, como no diagrama à esquerda, não dá para entender nada.

Se, no entanto, adotamos uma estrutura diferente, o quadro muda e faz todo sentido. Esqueça a forma racional, orientada para resultados, de classificar as tarefas e, em vez disso, analise a dimensão emocional. Agora tudo está claro. O verdadeiro princípio de gerenciamento do tempo se revela como sendo o seguinte: *passe o maior tempo possível dentro da sua zona de conforto*.

Atividades dentro da zona de conforto incluem:

- ➲ Coisas em que sou realmente bom (mesmo que sejam irrelevantes).
- ➲ Coisas que fiz no passado que deram certo (mesmo que não tenham o mesmo resultado no meu novo trabalho, agora).
- ➲ Coisas que não têm conteúdo emocional (assuntos técnicos contábeis, reorganizar o sistema de arquivos).
- ➲ Coisas que realmente não importam (porque ninguém vai ligar, ou mesmo perceber, se eu não as fizer bem).
- ➲ Qualquer coisa que me distraia das tarefas na "zona de desconforto".

Atividades dentro da zona de desconforto incluem:

- ➲ Coisas sujeitas a elevados níveis de incerteza e ambiguidade (como pensar sobre o futuro).
- ➲ Coisas que envolvem conflitos interpessoais (lidar com baixo desempenho dos membros da equipe).

- Novos desafios, ou seja, coisas que eu não tenha feito antes (porque eu talvez não tenha sido muito bom da primeira vez e, como um gerente experiente, vivo empenhado em ser bom em tudo o que faço).
- Coisas que poderiam ter consequências muito ruins se dessem errado (que é, quando você pensa sobre isso, quase a definição de uma decisão importante ou projeto).

Então, fundamentalmente, o abuso do tempo é uma forma de controlar a ansiedade. Nós concentramos nosso tempo em atividades que não causam ansiedade. Podemos até usar as atividades confortáveis como forma de nos distrair das menos confortáveis.

A verdadeira chave para a administração do tempo

- Não tem nada a ver com a tecnologia, embora os organizadores pessoais e o software acabem ajudando quando você consegue lidar com o problema em si.
- A técnica não tinha nada a ver com isso. Não é exatamente difícil distinguir entre o que é urgente e importante ou fazer listas do que você precisa fazer, mas o desafio é agir com base nesse conhecimento.
- Não se trata de ter claras as suas prioridades. Se tivéssemos coragem, saberíamos identificá-las prontamente.

Não, a verdadeira chave para o gerenciamento do tempo é administrar a ansiedade para que você possa ver o que está tentando ignorar e fazer o que sabe que deveria estar fazendo.

Então, como controlar a ansiedade? O primeiro passo é entendê-la melhor; na verdade, ficar amigo dela. Tendemos a tratar a ansiedade como algo ruim, a ser evitado. Em excesso, é ruim, e pode até mesmo ser necessária ajuda profissional para resolver. Devidamente controlada e canalizada, no entanto, a ansiedade pode ser uma das nossas faculdades mais importantes.

Como seres humanos, experimentamos ansiedade por um propósito. Pense mais uma vez no homem das cavernas, abrindo caminho de volta para casa em meio a uma floresta escura. Ele está ansioso, e por boas razões. Existem coisas assustadoras na floresta. Estar ansioso o ajudará a permanecer vivo. A ansiedade faz isso de duas maneiras. Primeiro, torna-o vigilante. Seus sentidos estão mais aguçados e sua atenção é mais focada no que está se movendo ao seu redor no escuro. Ele não tem um iPod, mas, se tivesse, ele teria tirado os fones de ouvido e desligado o aparelho. Em segundo lugar, a ansiedade do homem das cavernas fará com que ele responda mais rapidamente se algo perigoso aparecer. Seus músculos estão tensos e prontos para a ação.

O mundo mudou agora, mas ainda temos as mesmas respostas. Afinal de contas, somos descendentes dos homens e das mulheres das cavernas mais ansiosos, aqueles cuja ansiedade deu-lhes melhor chance de sobrevivência.

Existe um tipo de ansiedade antecipatória que pode ser altamente produtiva. Atletas e artistas à utilizam antes de um evento importante. Esse tipo de ansiedade faz com que a atenção se concentre – por exemplo "não fale comigo antes de uma palestra/competição em um evento esportivo".

Há também uma "função alerta" da ansiedade que é valiosíssima. Ela não apenas nos diz que algo é potencialmente perigoso, ou que algo precisa de nossa atenção. Quando temos de lidar com questões realmente importantes, a nossa ansiedade aumenta. É um indício de que estamos caminhando na direção certa. Tente esta experiência. Procure identificar o que está na sua zona de desconforto. Faça uma lista de tudo aquilo que você pode fazer para desenvolver seu negócio, sua carreira ou sua vida. Observe quais são confortáveis de contemplar e quais são desconfortáveis.

A lista do desconforto conterá algumas das tarefas mais valiosas que você pode realizar.

Agora estamos fazendo progresso, trabalhando com a ansiedade em vez de tentar combatê-la. Não leve as coisas longe demais, no entanto. Com muita frequência, tentamos ignorar o lado emocional da vida, especialmente quando trabalhamos em grandes organizações. Não exagere até atingir o máximo de ansiedade – você vai acabar retrocedendo. Em vez disso, avance devagar, mas a passos firmes, nessa direção. Lembre-se de que é possível expandir a sua zona de conforto. Escolha algo um pouco fora da zona atual e trabalhe nela até que se torne confortável. Em seguida, avance um pouco mais.

Dê sempre 110% de si

Se houvesse um clichê que eu pudesse riscar de vez, este seria um deles. Eu certamente não contrataria ninguém que o usasse para qualquer função em finanças ou que envolvesse números, simplesmente porque não é matematicamente possível. O máximo que você pode dar é 100% – confie em mim, eu tenho formação em matemática.

Mesmo se você não a interpretar literalmente, "dar sempre 110% de si" ainda assim expressa uma confusão que pode ser altamente perigosa. Eis o motivo.

Você não pode estar "sempre" em determinado nível, porque, em qualquer trabalho que não seja completamente mundano, o nível de desafio está sempre mudando. Fico muito feliz porque a brigada de incêndio local não sente necessidade de dar sequer 100% de si o tempo todo, mas passa muitas horas jogando vôlei ou tomando chá. Estou certo de que, se eu tiver necessidade de chamá-los, eles serão capazes de responder imediatamente com toda sua energia.

A confusão com a aritmética pode promover, ou pelo menos ajudar a disfarçar, a real confusão sobre prioridades. Lembro-me da empresária que disse que passava "50% do tempo cuidando dos clientes, 50% cuidando dos empregados e, é claro, 50% do tempo cuidando dos acionistas". Talvez seja uma brincadeira, mas sugere que algumas escolhas difíceis não foram feitas.

Confunde entrada e saída. Não se trata do que está entrando, mas do que está saindo, o produto final. Houve momentos em minha carreira quando, por meses a fio, meu desempenho foi pífio, mas, por outro lado, houve projetos curtos realizados em poucas semanas que me renderam milhões. Se você ficar obcecado com entradas e saídas, perderá o foco. Na verdade, a necessidade de estar constantemente ativo pode criar confusão que atrapalha a realização de atividades verdadeiramente úteis.

Está com vontade de dar 110% de si? Por favor, deite-se até que a vontade passe. Em seguida, tire um tempo para pensar e faça algo *útil*.

Você não consegue montar a equipe

"A gente simplesmente não consegue montar a equipe de trabalho", você ouve. Às vezes, é uma lamentação sobre "a juventude de hoje", às vezes, uma reclamação sobre a agressividade geral do universo.

Pare por aí. Pare de culpar os jovens, ou o universo. Olhe para você mesmo e para sua organização. É aí que está o problema, e é aí que você pode começar a resolvê-lo. Pode ser qualquer um dos seguintes:

"As expectativas são altas demais." Pare de culpar os outros. Se as pessoas conseguem uma oferta melhor em outro lugar, é claro que vão aceitá-la. Se você não pode superá-la, é porque seus concorrentes conseguem obter um melhor rendimento dos empregados do que você; talvez sejam mais bem-organizados, ou talvez desenvolvam produtos melhores. Seja o que for, os concorrentes estão fazendo algo que você não está.

Você está caçando criaturas mitológicas. É como a especificação das funções de um diretor financeiro que eu vejo regularmente, que sempre me faz rir: "Estrategista... comando sobre a situação geral... domínio absoluto sobre os detalhes." Essas coisas simplesmente não andam juntas – é como um levantador de peso olímpico que também competisse na ginástica.

Seu pacote de bônus não financeiros é péssimo. O salário pode ser competitivo, mas e os outros elementos: autonomia, respeito, flexibilidade...? As pessoas não são burras, e se a sua organização tem a reputação de não oferecer nada além de dinheiro, vai ser difícil atrair talentos.

E, finalmente, o mais assustador de todos: *Eles simplesmente não querem trabalhar com você.* Não com sua empresa, mas com você pessoalmente. Se você é como o diretor geral que passou por cinco gerentes de compras em dois anos, precisa parar para pensar e analisar muito bem a sua situação. O que faz com que seja impossível trabalhar com você?

Muitas vezes "A gente não consegue montar a equipe" soa como "Eu tenho esse plano de negócios fantástico para transformar chumbo em ouro, mas simplesmente não consigo encontrar a pedra filosofal". Não existe pedra filosofal, mas a receita não é um grande segredo: realismo, autoconhecimento, flexibilidade e um pouco de humildade vão trazer aqueles de que você precisa.

Existe também uma forma muito simples, mas ao mesmo tempo muito difícil, de responder a pergunta. Para atrair as pessoas certas, é preciso oferecer-lhes algo a mais – seja dinheiro, empolgação, prestígio, desenvolvimento pessoal –, algo que elas não conseguirão encontrar em outro lugar. Para ser capaz de fazer isso, e ainda ter lucro, essas pessoas precisam ser mais produtivas em seu emprego do que em qualquer outro lugar. Então, a questão é: como garantir que elas serão mais produtivas trabalhando com você do que em outro lugar? Os bancos de investimento podem pagar aos funcionários mais do que qualquer outra instituição, porque esses funcionários podem gerar mais dinheiro em um banco de investimento do que em qualquer outro lugar. O Google pode recrutar os melhores desenvolvedores de software porque lá as suas criações serão muito mais valorizadas do que em qualquer outro lugar.

O departamento de vendas é bom, o administrativo é ruim

Esta é uma máxima resistente, e está em voga na época em que escrevo este livro, com o governo do Reino Unido lutando para reduzir os gastos públicos. Vamos analisar um exemplo: a ideia de que, seja no setor público, seja no privado, poderemos manter os níveis de serviços ou de vendas cortando custos se simplesmente protegermos a "linha de frente" e reduzirmos os setores administrativos.

Por que eu odeio essa ideia? Pelas seguintes razões:

Pense em como você aplicaria a lógica em uma empresa. A função de vendas está claramente na linha de frente, e por isso é protegida, em detrimento do setor administrativo. Podemos obviamente dispensar todos esses inúteis carimbadores de papel e burocratas que desperdiçam seus dias enviando faturas, recebendo as faturas pagas e garantindo que a compra está agendada, para que possamos de fato fornecer o que vendemos.

Às vezes, a melhor maneira de fortalecer a linha de frente é investir no setor administrativo. Pense, por exemplo, na polícia, que notoriamente costumava passar muito tempo na delegacia cuidando da papelada quando deveria estar prendendo criminosos e tranquilizando os cidadãos. Em seguida, houve um movimento para recrutar mais pessoal civil para que os policiais de verdade pudessem ser vistos nas ruas. Muito sensato, mas prestes a ser cancelado.

E, finalmente, o melhor exemplo de como economizar no setor administrativo pode prejudicar você. É o caso do Barings Bank, que quebrou por causa das ações de um negociador desonesto, Nick Leeson, que perdeu 800 milhões de libras em operações não autorizadas. Isso nunca deveria ter acontecido; Leeson deveria ter sido parado assim que começou. A razão pela qual nada aconteceu com ele foi que, em violação de um princípio básico que qualquer contador aprende no primeiro mês de sua formação, Leeson negociava e prestava contas de suas negociações. Isso significava que ele poderia manipular as contas para encobrir suas perdas. Por que o Barings tolerou essa flagrante violação do princípio fundamental da separação de funções? Porque Cingapura, onde

Leeson estava baseado, era um escritório pequeno, e eles não queriam pagar por um auditor financeiro local.

Analise o processo do início ao fim, sem distinções artificiais entre o setor de vendas e o administrativo. Por exemplo, avalie a eficácia de uma função de vendas em termos de custo total em relação aos resultados produzidos. Às vezes, a melhor maneira de melhorar a eficácia pode ser acrescentar pessoas na linha de frente como representantes de vendas que visitam clientes. Outras vezes, pode funcionar melhor acrescentar administradores para que as pessoas da linha de frente possam passar mais tempo com os clientes. O fato é que as organizações eficazes são uma mistura judiciosa de atividades de vendas e administrativas. Promover a ideia de que o departamento de vendas é bom e o administrativo é ruim simplesmente é uma maneira de substituir o pensamento por slogans. Deixe isso para os políticos.

Devo manter-me ocupado

"Disque 1 para atendimento ao cliente, disque 2 para verificar o andamento da chamada, disque 3 para ser ignorado, disque 4 para ouvir uma outra mensagem inútil... a sua chamada *é* muito importante para nós (é por *isso* que queremos mantê-lo na linha para sempre)... Agora que você está completamente frustrado com nosso atendimento, vamos falar sobre alguns outros produtos que você pode comprar da gente..."

Estamos todos familiarizados com esta situação. No meu caso, esta é a razão de eu ter deixado de ser um cliente de 900 libras por trimestre da BT e me tornado um ex-cliente. Por que eles fazem isso? Porque têm que manter o centro de atendimento ocupado. É o princípio do velho Serviço Nacional de Saúde: o tempo dos médicos é tão valioso que eles não podem, sequer por um momento, ficar sem nada para fazer.

Sempre tem que haver uma fila de pacientes. Então, esperamos. E esperamos. E esperamos.

Essa obsessão por manter os recursos ocupados não apenas irrita os clientes (incluindo alguns, como este colunista da *Management Today* que tem a oportunidade de extravasar sua frustração para 100 mil formadores de opinião todos os meses). Ela tem outros efeitos negativos também.

Certa vez trabalhei para uma empresa de auditoria obcecada pela taxa de utilização, ou seja, pelo número de agendamentos para prestar o serviço. O problema foi que a empresa fez sua análise ao longo de um ano, e o setor de auditoria é um negócio muito sazonal. Manter o número alto ao longo do ano significava estar com poucos funcionários na época de maior movimento. Um profissional descreveu o trabalho dele como sendo "tão estressante quanto a Guerra do Vietnã". A rotatividade do pessoal era alarmante, e quanto à qualidade do trabalho, bem, eu não teria comprado ações de suas seguradoras profissionais.

Manter-se ocupado também o impede de pensar sobre o que está acontecendo ao seu redor. Isso é parte da atração, se o que está acontecendo ao seu redor é assustador. Será que a GM estava tão ocupada produzindo carros que não teve tempo para lidar com o fato de que as pessoas preferiram simplesmente não comprá-los mais?

A resposta é colocar os bois na frente da carroça para variar. Olhe para fora, não para dentro. O que vem primeiro são clientes satisfeitos e funcionários felizes, depois, a eficiência.

A persistência compensa

Bem, talvez sim, talvez não. "Espere!", exclamará um guru de autoajuda. "Claro que compensa. Deixe-me contar a história de alguém (eu) que mandou um livro para 99 editores, que o rejeitaram, mas foi aceito pelo centésimo e tornou-se um best-seller."

Ah, mas deixe que *eu* conte a história dos cem idiotas, e depois vamos ver se a sua é tão impressionante assim.

Era uma vez, cem idiotas que estavam determinados a enriquecer fazendo coisas idiotas. Noventa e nove deles rapidamente faliram e ninguém nunca mais ouviu falar de sua existência. O centésimo, graças à pura sorte, tornou-se muito rico. Ele então começou uma segunda carreira lucrativa como palestrante motivacional e autor de autoajuda, ensinando às pessoas como enriquecer.

Os cientistas sociais e estatísticos conhecem bem isso – chama-se viés do sobrevivente. Aliás, também explica por que, se eu quisesse, poderia facilmente me estabelecer como especialista no tratamento da depressão. Eu recrutaria cem pacientes e prescreveria qualquer coisa – banhos frios, uma dieta diária de testículos de carneiro e pão integral, ou enemas de café (desculpe se você está lendo antes do almoço, mas não estou inventando isso, não – ouvi uma conversa assim em uma loja de produtos naturais). Então, muito em breve eu teria cerca de trinta depoimentos entusiasmados sobre a eficácia do meu tratamento. Este não é o efeito placebo, mas apenas resultado de um fato simples. Cerca de 30% dos casos de depressão são curados "espontaneamente", ou seja, somem por conta própria.

O fato de que "deu certo para essas pessoas" não é prova sequer de que tenha funcionado. O efeito pode ser aleatório e, a menos que saibamos exatamente quantas pessoas experimentaram o tratamento, o fato de que existem alguns clientes satisfeitos não significa nada.

Então, quando é que a persistência compensa? Existem alguns casos.

Você pode persistir com um objetivo, mas ser flexível sobre como alcançá-lo. Edison precisou realizar mais de quinhentas experiências antes de descobrir a lâmpada elétrica que funcionou, mas foram quinhentas tentativas diferentes, e não a mesma repetida quinhentas vezes. O mesmo se aplica ao pretenso autor que acabamos de mencionar. Se você enviou sua ideia de livro para dez editoras e nenhuma está interessada, então, em vez de pensar "Devo continuar tentando; existem outras noventa editoras no mercado", talvez fosse melhor concluir: "Preciso de uma ideia melhor." Este livro, por exemplo, não foi para cem editoras. A coluna "Don't You Believe It" [Não acredite] na *Management Today*, na qual este livro teve sua gênese, foi a segunda ou terceira ideia que apresentei para os editores. Quando chegamos à conclusão de fazer o livro, a proposta passou por três grandes editoras antes de ser aceita.

Você poderia persistir na busca por boas ideias que sejam fáceis de vender, em vez de insistir em apresentar uma ideia medíocre ou comum no mercado. Dito de outra forma, se você tem um pino quadrado e descobre que o mundo é feito de furos redondos, então, jogue fora o pino quadrado e crie um redondo muito superior. Olhe ao seu redor. Google e Facebook são muito persistentes em melhorar suas ofertas, mas há muito mais em jogo do que isso; seu sucesso se deve ao fato de que ambos são concretizações muito boas de excelentes ideias.

OS SEIS PILARES DAS PÉSSIMAS IDEIAS, OU COMO SEPARAR O JOIO DO TRIGO

Todas essas máximas devem ser aplicadas com cuidado. Apesar de algumas delas provavelmente nunca virem a ser aplicadas, a maioria poderia ser útil em algumas ocasiões. Em outras, porém, podem ser desastrosas. O ônus, portanto, é nosso no sentido de decidir se podemos aplicar determinado princípio ou não.

Na hora da decisão, temos que reconhecer que a máxima pode nos atrair por duas razões:

❶ É uma boa ideia, nas atuais circunstâncias.

❷ Apela para algo mais profundo em nós, algo que não reconhecemos plenamente, independente das circunstâncias atuais. Esta é uma situação perigosa, pois pode nos levar a conclusões e ações que não são apropriadas.

Existem seis principais formas como uma má ideia pode ser atraente:

❶ Pensamento mágico.
❷ Fator bem-estar.
❸ Superioridade moral.
❹ Erro fundamental de atribuição.
❺ Evitação da complexidade.
❻ Aversão à incerteza.

Pensamento mágico

Isso remonta a uma longa história. O pensamento mágico está profundamente enraizado na psique do homem das cavernas e ainda persiste em nós hoje. O homem das cavernas não tinha ideia da ciência ou da lógica, e só podia contar com a magia para explicar muito do que se passava ao seu redor em um mundo incompreensível. Toda vez que nos sentimos atraídos para uma ideia do tipo "Basta fazer tal coisa, com intensidade e tempo suficientes, que você vai conseguir o que deseja", estamos experimentando a força do pensamento mágico. Se alguém nos diz que fazer A inevitavelmente produzirá B, mas não explica o mecanismo, então o que está sendo oferecido é mágico.

Fator bem-estar

Algumas ideias nos fazem sentir bem e outras, não. Algumas ideias fazem sentido racional e outras, não. O que é importante entender é que esses dois atributos são independentes. Coisas que nos fazem sentir bem, ou que parecem certas, podem ou não fazer sentido racional. Por "fazer sentido racional" quero dizer "vai funcionar de verdade". Uma maneira de analisar a questão é através da ferramenta favorita do consultor, a matriz dois por dois:

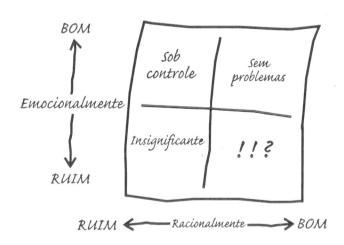

Se alguma coisa faz sentido e também é boa, você vai fazê-la, e não há problema algum. Da mesma forma, se algo não faz sentido e também parece errado, você não o fará, e isso não é problema.

Os outros dois quadrantes são os interessantes. No canto superior esquerdo, as coisas que parecem boas, mas não fazem sentido, são os atos impulsivos. Na maior parte dos casos, conseguimos mantê-los sob controle, na medida em que evitamos ações impulsivas que nos prejudiquem. O problema acontece quando o que fazemos não chega a ser prejudicial em si, mas causa distração e desperdício de tempo. Esta é a história do gerenciamento do tempo, como já discutimos. Nós nos perdemos em atividades sem valor, que nos fazem sentir bem, pois são uma forma de evitar problemas realmente complicados, aqueles no quadrante inferior direito. Estas são as coisas que fazem sentido, ou podem até ser necessárias, mas parecem erradas emocionalmente. Esta área sempre será conflitante. Nunca venceremos a luta de forma definitiva, no sentido em que nunca vamos chegar a um ponto em que a coisa certa a fazer sempre pareça boa. Precisamos perguntar constantemente o que está em nosso quadrante inferior direito, e como lidar com ele.

Superioridade moral

Sentir-se moralmente superior é uma sensação muito agradável, e há muitas maneiras de alcançar essa sensação no trabalho.

Podemos trabalhar mais do que os outros. Longas horas são associadas com virtude, o que pode nos levar a tomar algumas atitudes bastante estranhas. Uma vez trabalhei em uma empresa de petróleo onde a minha principal tarefa era simplificar os procedimentos de contabilidade. Conheci um contador que em um determinado dia de cada mês tinha que chegar às sete da manhã para pegar a impressão de um processo executado durante a noite, digitar os números em uma planilha e, em seguida, colocar os resultados da planilha no computador para que outro processo pudesse ser executado logo após as nove da manhã.

Era óbvio para mim que essa tarefa poderia ser facilmente automatizada, de modo que não houvesse necessidade de ele chegar tão cedo, mas o contador parecia estranhamente relutante em discutir isso. Notei também que a planilha era muito malprojetada, o que significava que era preciso muito mais tempo do que o necessário para usá-la; em alguns casos, o contador tinha que digitar o mesmo número em três lugares diferentes, o que acabava não justificando o uso da planilha. Finalmente, e foi aí que fiquei mais surpreso, ele me disse que na verdade só precisava digitar alguns poucos números para gerar o resultado necessário para as nove da manhã. O resto ele poderia deixar para mais tarde.

Neste ponto, tudo fez sentido para mim. Chegar ao escritório às sete da manhã não tinha nada a ver com fazer o trabalho, mas era uma maneira de ele se sentir virtuoso. Eu o via sentado lá às 7h30, martelando a planilha, sentindo-se tão superior a todos aqueles dorminhocos preguiçosos que só chegariam dali a pelo menos mais uma hora. Meu código é um tanto mais rigoroso. Eu não acho que você alcance a virtude tornando as coisas mais difíceis do que precisam ser. Na verdade, creio que é errado fazê-lo. A razão é que, se você tornar as coisas mais difíceis para você, é quase certo que as tornará mais difíceis para os outros também.

Às vezes, a gente pode se sentir virtuoso assumindo riscos maiores. Isso é bastante comum na literatura destinada a empresários. Assumir enormes riscos é bom. Demonstra coragem. Eu, pessoalmente, considero que assumir riscos desnecessários, ou riscos que não são totalmente pensados, ou riscos que não são gerenciados, é simplesmente idiotice, e não virtuosismo.

A forma final, um tanto insidiosa, de superioridade moral é atribuir motivos diferentes aos outros do que a si mesmo. Você demora para responder e-mails de clientes porque está ocupadíssimo com tarefas realmente muito importantes; os outros demoram a responder aos e-mails de clientes porque são preguiçosos ou desorganizados. Se você entrega algo e não é o que os clientes pediram, é porque eles não souberam explicar o que queriam. Se alguém lhe entrega algo e não é o que você pediu, é porque eles não ouviram, ou não se importam.

Erro fundamental de atribuição

Abordei esta questão no primeiro capítulo. Quando vemos as pessoas fazendo coisas que não aprovamos, ou não fazendo seja lá o que a gente quer que elas façam, temos uma poderosa tendência inconsciente de explicar o seu comportamento em termos de "Elas são assim mesmo – preguiçosas, ignorantes, agressivas – em vez de "Dada a situação em que estão, o que estão fazendo é perfeitamente razoável". Esse viés nos predispõe para "soluções" que envolvem mudar os outros – treiná-los, motivá-los ou até mesmo despedi-los – em vez de mudar a estrutura organizacional, o incentivo que recebem ou as informações às quais têm acesso.

Evitação da complexidade

A complexidade é chata, e pode ser realmente preocupante. Você está tentando resolver um problema ou fazer alguma coisa, mas vem tendo dificuldades em entender toda a complexidade da situação. As medidas que tomou não têm os resultados esperados, e você acha que está faltando algo. À medida que a pressão aumenta, o mesmo acontece com a tentação de diminuir a complexidade e de fazer *alguma coisa*. O problema é que, se você não se envolver com a complexidade da situação, então o que quer que faça não gerará o resultado desejado. Ideias que prometem simplificação, portanto, são altamente perigosas. Simplicidade é bom, mas é preciso distinguir bem a simplicidade de um lado e outro da questão.

Aversão à incerteza

A complexidade, quando você sabe a pergunta, mas não consegue encontrar a resposta, é difícil. A incerteza, quando você nem sequer sabe qual é a pergunta certa, é muito pior. Decidir se deve ou não iniciar operações na França hoje é algo complexo. Você sabe quais são as principais perguntas – o mercado, a concorrência, as percepções dos clientes, as perspectivas gerais para a economia etc. Algumas delas são difíceis de responder, mas você pode analisá-las cuidadosamente e chegar a uma conclusão mais ou menos sólida.

Decidir se deve ou não iniciar operações na ex-União Soviética, digamos, em 1991, logo após a queda do comunismo, é diferente. Isso envolve incerteza. O que é a União Soviética? Será que vai continuar a ser um império, ou vai se fragmentar? Qual será o sistema jurídico do novo país? Haverá um sistema jurídico?

Questões estratégicas geralmente tendem a levá-lo, pelo menos de alguma forma, para o reino da incerteza. Boa parte da habilidade no pensamento estratégico é encontrar as perguntas certas a fazer. Há tantas que poderiam ser feitas, algumas delas óbvias e outras não, muitas relevantes e muitas não. Às vezes, pode ser melhor começar a fazer perguntas sobre produtos ou serviços: quais queremos desenvolver? Quais devemos retirar da linha de produção? Em outros momentos, perguntar sobre produtos ou serviços talvez não seja útil, e o foco deva ser nos clientes. Quem realmente queremos servir? Quem são os clientes que de fato gostam de nossas ofertas e as consideram superiores às dos nossos concorrentes? Assim que tivermos certeza disso, a questão de quais produtos ou serviços oferecer torna-se muito mais fácil. Em outros momentos, a melhor pergunta para começar pode ser: que competências especiais temos como organização? Se existe algo em que realmente somos superiores, podemos procurar os mercados adequados – combinações de clientes e produtos ou serviços – que se encaixam em nossas competências distintivas.

Como você se torna mais confortável ou, pelo menos, menos desconfortável, em situações de complexidade ou incerteza? Gostaria de ter uma resposta infalível, mas não tenho. O melhor que posso oferecer são algumas sugestões:

Reconheça onde você está, e quais são as diferentes regras que se aplicam em lugares diferentes. Por mais difícil que seja, aceite que, especialmente na incerteza, não é possível avançar com o mesmo nível de confiança existente em situações mais bem-definidas.

Não pense que mais dados serão necessariamente úteis. Às vezes, a única resposta para uma pergunta é "Não temos como saber (ainda)". Se for o caso, coletar mais dados não vai ajudar. Pode até ser perigoso se nos fizer esquecer a natureza essencial da incerteza.

Passe o mesmo tempo, se não mais, identificando as perguntas que você precisa fazer e tentando respondê-las.

CAPÍTULO 7

INCENTIVOS

EM QUE MOMENTO PASSAMOS A SER MOVIDOS PELO DINHEIRO?

O fato é que não passamos. Ao longo das últimas décadas, à medida que mais e mais ênfase era colocada em incentivos financeiros como forma de produzir desempenho máximo – remuneração atrelada ao desempenho, opções de ações, níveis crescentes de bônus para os altos executivos –, em outro canto do mundo algo bem diferente estava acontecendo. Os cientistas sociais, em uma série de experimentos diabolicamente engenhosos, começavam a descobrir o que realmente motiva as pessoas. Os resultados, muitas vezes, foram surpreendentes e, algumas vezes, chocantes. Talvez o mais chocante de tudo, no entanto, tenha sido como os cientistas sociais não conseguiram comunicar os seus resultados para executivos que poderiam fazer uso deles.

Os incentivos financeiros não ignoram outras fontes de motivação. Eles as destroem

Ninguém discordaria do fato de que existe uma série de bons motivos pelos quais as pessoas querem fazer um bom trabalho, além da chance de ganhar um bônus. Ela inclui:

- *Pressão social:* o desejo de não decepcionar os colegas.
- *Concorrência:* o desejo de parecer bom e/ou de ser reconhecido por ter o melhor desempenho.
- *Satisfação intrínseca no trabalho,* quer se trate de uma enfermeira ajudando pacientes a se recuperar de uma doença ou de um desenvolvedor de software que cria produtos realmente muito bons.
- *Reconhecimento não financeiro,* na forma de prêmios, o respeito dos colegas ou simplesmente agradecimentos.

Ninguém discordaria de nenhum desses motivos; a maioria dos indivíduos busca pelo menos algum deles, e a maioria de nós os utiliza de alguma forma quando gerencia outras pessoas. O que é menos conhecido é que os incentivos financeiros destroem ou reduzem a eficácia desses outros incentivos. Deixe que os cientistas sociais expliquem.

Dois pesquisadores, Uri Gneezy e Aldo Rustichini, estudaram um jardim de infância em Israel. O jardim de infância fechava às quatro da tarde, e os pais deveriam buscar os filhos até esse horário. Se não o fizessem, um dos funcionários teria que ficar até mais tarde para cuidar das crianças.

Durante as primeiras quatro semanas, os pesquisadores registraram quantos pais chegavam atrasados. Então, eles mudaram o procedimento e introduziram uma multa. Se os pais não chegassem até 4h10, teriam que pagar uma multa de 10 *shekels* (na época, o equivalente a 3 dólares). Qual o efeito disso sobre o atraso? Ele teve um aumento constante, chegando enfim a um nível quase duas vezes maior que no período anterior à aplicação da multa.

Como explicar esse resultado aparentemente bizarro e totalmente contraproducente? Na verdade, é fácil se abandonarmos a "lógica lógica" e nos envolvermos com a lógica psicológica. Devemos deixar de pensar que os pais são atores econômicos racionais, ou seja, autômatos que funcionam à base de moedas. Encare-os como seres humanos com uma variedade de motivações, algumas das quais mais fortes do que outras. No período inicial, não havia multa, mas um outro forte motivador para chegar na hora: o desejo de não causar inconvenientes aos funcionários da escola. Os pais que se atrasavam sentiam-se culpados e, assim, se esforçavam para chegar no horário.

Introduzir a multa mudou tudo isso. Acabou com a culpa. Os pais simplesmente a consideraram uma taxa por um período adicional de permanência da criança na escola. Pense nisso – quando você chega atrasado e tem que pagar 10 *shekels*, qual a melhor explicação: "Eu fiz uma coisa ruim e estou sendo punido com uma multa" ou "Estou aproveitando a opção de um serviço extra"? Não tem o que discutir.

Agora estenda essa lógica para o funcionário a quem é oferecido um bônus. A mensagem é: "Faça um esforço extra, dê o melhor de si, e nós vamos pagar mais."

Isto pode ser interpretado de duas formas diferentes:

- "Alcançar desempenho máximo é uma opção. Alcance esse resultado e receberá mais por isso" ou
- "Se você ficar aquém do desempenho máximo, será punido (por ter parte de sua remuneração retida)".

Se você é o empregado, escolherá qual interpretação? Obviamente, a primeira. Quem quer criar uma situação em que poderia ser punido por ser ruim? Isso, então, cria a oportunidade para que o empregado responda: "Obrigado pela oferta, mas estou bem com o meu salário básico. Fique com o bônus, e eu vou continuar com meu desempenho bom ou medíocre.

E, aliás, obrigado por me fazer esquecer de todos os outros motivos pelos quais eu poderia querer trabalhar mais."

O essencial nesse caso é: reforce os incentivos financeiros e você diminuirá os outros. Então, é melhor ter certeza de que os incentivos financeiros são grandes o suficiente para que funcionem. A má notícia é que, na maioria dos casos, eles não funcionam.

Como os incentivos financeiros derrubam o desempenho

A história é a seguinte. Os pesquisadores inventaram um problema de lógica simples, envolvendo uma vela, uma caixa de tachinhas e uma caixa de fósforos sobre uma mesa. A tarefa foi a de encontrar uma maneira de fixar a vela na parede de modo que não escorresse cera sobre a mesa. As pessoas tentaram prender a vela na parede, mas não funcionou. Em seguida, algumas tentaram fazer com que a cera derretida deslizasse na lateral da vela e usá-la para prender a vela na parede. Isso também não funcionou. No final, a maioria dos participantes encontrou a solução: tire as tachinhas da caixa, prenda a caixa na parede e coloque a vela dentro dela.

Os participantes foram divididos em dois grupos. Foi dito a um grupo que o objetivo era apenas cronometrar o tempo que levaria para resolver a charada a fim de estabelecer normas. Ao segundo grupo foram oferecidos incentivos financeiros – os 25% mais rápidos receberiam 5 dólares e o indivíduo mais rápido naquele dia receberia 20 dólares. (Isso foi há décadas, por esse motivo estas eram quantias significativas.) Como os dois grupos se saíram? O grupo incentivado levou, em média, três minutos e meio a mais para encontrar a solução.

Por que o grupo incentivado demorou mais? Porque a solução da charada envolvia uma manobra cognitiva complicada: a de superar a "rigidez funcional". Era preciso parar de ver a caixa como um recipiente de tachinhas e enxergá-la como um porta-vela. O efeito do incentivo era direcionar o foco dos indivíduos. Como eles se concentraram mais em resolver o problema, não tiveram a ideia de dar uma outra função para a caixa. A questão da vela parece ser um problema trivial, mas envolve uma habilidade muito importante. Não importa como seja chamado – pensamento lateral, criatividade, inventividade ou engenhosidade –, ele é um componente muito importante para o sucesso na maioria das empresas (na maioria dos postos de trabalho acima do puramente braçal), e foi prejudicado pelos incentivos financeiros.

Para confirmar essa conclusão os pesquisadores repetiram o experimento com uma pequena mudança, mas crucial. Eles usaram o mesmo equipamento e os mesmos incentivos para o segundo grupo, mas dessa vez tiraram as tachinhas da caixa e as colocaram sobre a mesa. Isso mudou completamente o problema. A questão da rigidez funcional desapareceu. Com esse novo problema muito mais simples o efeito dos incentivos mudou. O grupo incentivado agora teve melhor desempenho. A conclusão a ser tirada é que, para as tarefas mais simples, os incentivos de fato melhoram o desempenho. Para qualquer coisa que envolva raciocínio, pensamento lateral ou criatividade, eles não funcionam.

Pense em como esse mecanismo colaborou de forma significativa para a crise bancária de 2008. Incentivos financeiros enormes, tanto para os indivíduos como para as instituições, estreitaram o foco de todos. Todos os participantes estavam tão empenhados em criar e vender títulos esotéricos que ninguém parou para perguntar onde tudo iria acabar.

Tudo isso leva a uma conclusão alarmante. Quem são as pessoas que mais precisam usar a criatividade, o pensamento lateral e a inventividade, que têm que enxergar além da dimensão atual do negócio para o futuro?

A alta diretoria, é claro.

São esses altos executivos os únicos cujo desempenho provavelmente cairá em função dos incentivos financeiros, e são eles os que geralmente têm maiores incentivos. Por outro lado, são aqueles que realizam os trabalhos de rotina, como os trabalhadores da linha de montagem, que se beneficiariam dos maiores incentivos financeiros.

OS INCENTIVOS NÃO LIDAM COM A COMPLEXIDADE

Em uma empresa com a qual trabalhei, vi a gerente de compras prestes a fazer um pedido no valor de quatro anos em estoque do produto. Ou seja, sua encomenda era quatro vezes maior do que a quantidade que ela esperava vender no ano seguinte. Isso seria muito estranho mesmo se você acreditasse na previsão de vendas (que não era o meu caso), e mesmo que você aceitasse que o produto manteria o mesmo nível de vendas durante os próximos quatro anos (o que, na melhor das hipóteses, era duvidoso). Isso sem falar que a política da empresa era de que qualquer estoque no final do ano acima das vendas futuras projetadas de um ano deveria ser baixado. Ainda que a previsão estivesse certa, pelo menos metade do que ela estava encomendando seria baixado no próximo final de ano. Ah, e outra coisa: o nível de dinheiro em caixa da empresa era tão baixo que beirava o desespero, o que era mais um motivo para não investir em um estoque que só iria, no melhor dos mundos possível, se transformar em dinheiro novamente dali a quatro anos. "Por que você está fazendo isso?", perguntei. "Essa é a quantidade mínima de encomenda", respondeu ela. O fornecedor chinês não entregaria quantidades menores.

Esta foi a resposta que a gerente me deu, mas o que ela deveria ter dito era: "Meus objetivos são obter o menor custo unitário possível e garantir que os produtos estejam sempre em estoque. Eu sou avaliada com base nisso, e é isso o que determina o meu bônus. A melhor maneira de atender aos meus objetivos é fazer uma encomenda grande da China, onde os produtos são mais baratos, em quantidades muito grandes. Ninguém me pediu para pensar sobre o custo das baixas de estoque que eu provoco ou sobre o dinheiro consumido por causa das minhas decisões (apesar de a empresa estar muito atrasada nos pagamentos aos seus fornecedores, e pelo menos uma vez por semana alguém da fábrica procurar o departamento de contas a pagar dizendo que precisa de um cheque imediatamente, para uma máquina que está quebrada e que só terá conserto depois que o fornecedor for pago)."

Então, na verdade, seu comportamento fazia sentido, no contexto no qual ela precisava tomar decisões. Imagine como seu processo de pensamento teria sido diferente se ela fosse dona do próprio negócio: "O fornecedor quer que eu compre quatro anos de estoque? Ele espera mesmo que eu desembolse um valor que nem tenho ainda para adquirir artigos que não poderei transformar em espécie durante pelo menos *quatro anos*? Não quero nem saber das políticas contábeis; será que este produto ainda poderá ser vendido daqui a quatro anos? Eu não apostaria nisso, mesmo se tivesse o dinheiro. Preciso ter uma conversa séria com o fornecedor sobre essas quantidades mínimas de encomenda. Se ele não for sensível, precisarei encontrar outro fornecedor, mesmo que seja mais caro. Ou, se eu não puder encontrar alguém que seja mais flexível com relação às quantidades dos pedidos, talvez tenha que abandonar essa linha por completo. Isso não é o ideal, mas, pensando bem, os artigos nem vendem tanto assim."

Existe uma diferença entre pensar como empregado e pensar como proprietário, mas existe outra diferença entre os dois processos de pensamento que é ainda mais importante. No cargo de gerente de compras, ela deveria maximizar a disponibilidade ou minimizar custos. Na forma alternativa de pensar, como um "proprietário", a prioridade é o equilíbrio. Nesta situação, existem três elementos a serem equilibrados:

❶ Custo unitário – a ser mantido tão baixo quanto possível.
❷ Disponibilidade – manter as mercadorias em estoque.
❸ Manter dinheiro em caixa – não comprometer enormes quantias de dinheiro em estoque.

Se você se concentrar apenas nos dois primeiros elementos, a tarefa será relativamente simples e você não terá problemas em maximizar a disponibilidade e minimizar os custos. A maneira de fazer isso é encontrar o fornecedor mais barato e encomendar grandes quantidades.

Quando o terceiro elemento é incluído na equação, no entanto, a tarefa muda. Ela não fica um pouco mais difícil, torna-se completamente diferente. Uma coisa é maximizar – é preciso certo nível de capacidade técnica na escolha de fornecedores ou na negociação. Outra coisa é equilibrar –

que requer julgamento. Se sua tarefa é usar suas habilidades de negociação para obter o menor preço, será relativamente fácil ver se você teve um bom ou um mau desempenho. Assim que passar para tarefas que envolvam julgamento e equilíbrio, toda a questão se tornará mais subjetiva. Sim, você chegou a um certo equilíbrio entre fatores conflitantes, mas como sabemos que chegou ao melhor resultado possível? Não está claro

Este tipo de dilema é abundante nas organizações, e muitas vezes os programas de incentivos podem acabar gerando resultados ruins. Trabalhei também em uma editora de revistas. Sua força de vendas de publicidade tinha sido fortemente incentivada a gerar receitas. Nada de anormal nisso, você vai dizer. Infelizmente, ninguém havia mencionado a importância de obter taxas decentes. Se você está sob pressão para conseguir uma venda, e está com dificuldades, uma das primeiras coisas em que pensa é reduzir preços. E depois em reduzi-los novamente, e mais uma vez. Sempre que você oferece um desconto, simplesmente aguça o apetite do cliente por outro. A espetacular promoção nunca antes vista deste mês torna-se o ponto de partida do mês seguinte para uma negociação para reduzir ainda mais os preços. Ora, mas quem se importa? Afinal, estou alcançando minhas metas de receita, e é isso o que eles querem que eu faça.

Nessa editora, a situação era tal que eles estavam vendendo publicidade a 20% do valor cobrado pelos concorrentes. Eram cinco páginas nossas ao custo de uma página do concorrente. O negócio tinha ido tão longe que até mesmo os clientes perceberam que algo estava errado. Quando um diretor de publicidade recém-contratado começou a visitá-los para explicar que as tarifas precisavam começar a subir para níveis mais normais, recebeu respostas do tipo: "De fato, achei realmente que era bom demais para ser verdade."

Aqui, de novo, é uma questão de equilíbrio. Eu poderia fechar uma venda especial dando um desconto extra, mas contra isso preciso ponderar o fato de estar enchendo a revista com publicidade inútil, e criando expectativas, não apenas para esse cliente, mas também para outros, em vendas futuras.

Existem muitos, muitos conflitos mais que precisam ser ponderados nas organizações e equilíbrios que precisam ser alcançados e mantidos. Aqui estão alguns exemplos:

- ➲ Promessas feitas nas datas de entrega para garantir a venda *versus* custo de atender essas promessas (ou não atendê-las).
- ➲ Pressa em resolver os problemas dos clientes *versus* custo de resolvê-los.
- ➲ Custo de aumentos salariais *versus* risco de perder funcionários importantes se não conseguirem o aumento.
- ➲ Benefício futuro de desenvolvimento do produto ou desenvolvimento de mercado *versus* custo atual.

Você poderia argumentar que existem programas de incentivos burros (como o da editora de revistas, que se baseava exclusivamente nas receitas) e os sensíveis que produzem os resultados desejados. Eu argumentaria, no entanto, que em muitas situações, incluindo a maioria das mais importantes, os programas de incentivos não resolvem. O problema da vela explica o motivo. Lembra-se da conclusão do experimento da vela? Se a tarefa envolve qualquer atividade cognitiva sofisticada (como nesse caso, a superação da "rigidez funcional" para que a caixa de tachinhas não fosse vista como uma caixa, mas como um suporte para a vela), então os incentivos financeiros estreitam seu foco e o tornam menos eficaz. Se fazer bem o meu trabalho envolve chegar a um equilíbrio entre fatores conflitantes, então um incentivo financeiro vai diminuir o meu foco e me tornar menos eficaz. Se sou banqueiro, por exemplo, a chance de ganhar um ótimo bônus por negociar títulos esotéricos não me deixará ver com clareza a questão do risco, ou mesmo o fato de que não tenho a menor ideia de como avaliar os títulos que estou negociando.

Está claro que quanto mais alto na hierarquia da organização você estiver, mais tempo os gerentes passam, ou deveriam passar, analisando questões de equilíbrio – vendas *versus* lucros, rentabilidade *versus* crescimento atual, custo *versus* qualidade etc. Mais abaixo na hierarquia, é mais provável que as pessoas só precisem maximizar uma coisa. Será mesmo? É interessante avaliar algumas funções não gerenciais e pensar se, de fato, os trabalhadores só deveriam pensar em maximizar uma coisa. Tomemos como exemplo o caso dos lixeiros – você pode pensar que o principal é simplesmente percorrer a rota de coleta de lixo o mais rápido possível. Mas espere um minuto – existem outros fatores que merecem consideração. Você precisa trabalhar com segurança, o que nem sempre é compatível com a velocidade máxima. Depois, temos a questão da qualidade – verifique se pegou tudo e não deixou lixo espalhado no jardim da frente ou na calçada... Mesmo nesse nível mais básico é preciso contrabalançar os elementos envolvidos.

Então, como lidar com o problema do equilíbrio? Como garantir que as pessoas façam o que é melhor para a organização como um todo? Existe algum tipo de incentivo financeiro mais sofisticado que você pode introduzir? Acho que não existe. Para que um incentivo financeiro funcione é preciso que haja uma ligação muito clara entre o que você faz e o que você recebe; neste caso, isso é impossível. Os resultados da organização são consequência das ações de muitas pessoas diferentes, em muitas áreas diferentes, e é impossível separar o todo para distribuir elogios ou a culpa pelos indivíduos.

Você precisa de uma abordagem diferente – a educação. Dê crédito às pessoas por serem capazes de entender mais em vez de dizer "Você não é esperto o suficiente para entender a situação da empresa como um todo. Concentre-se em maximizar x e y e deixe que nós nos preocupemos com o quadro mais geral". Em outras palavras, assuma a responsabilidade de ajudá-las a entender mais. Então, para o gerente de compras, você dirá: "Precisamos equilibrar os lucros (alcançado por meio de baixo custo unitário), a disponibilidade de produtos e o fluxo de caixa. Como você acha que podemos melhorar isso?"

A recente crise financeira sugere que ter conhecimento do panorama geral gera como resultado pessoas que tomam melhores decisões em situações complexas. Enquanto a maioria dos bancos, impulsionados pela perspectiva de obter lucros e bônus aparentemente gigantescos, comprava quantidades cada vez maiores de títulos cada vez mais tóxicos, um banco se manteve em grande medida indiferente. Foi o J. P. Morgan, e o motivo pelo qual essa história é interessante é que foram eles que inventaram a maior parte dos títulos negociados. Várias vezes o banco observava o que os concorrentes estavam fazendo e se fazia a clássica pergunta sobre o panorama geral: "Como será que eles estão ganhando dinheiro com isso?" Os banqueiros do J. P. Morgan não sabiam responder a pergunta, por isso ficaram fora do mercado.

Digressão: como criar um plano de incentivos para Picasso?

Esta questão é mais relevante do que você imagina à primeira vista. O que realmente significa é: como desenvolver programas de incentivos para pessoas quando você nem sequer sabe o que deseja que elas façam, mas precisa delas para fazer coisas extraordinárias, para ir além do que já foi feito antes?

Considere o caso de Picasso, sem dúvida alguma um dos maiores artistas do último século. O que o tornava grande?

- ⮑ Ele permaneceu em constante mudança ao longo da carreira.
- ⮑ Ele tinha ideias, formas de enxergar o mundo, que ninguém nunca vira antes.
- ⮑ Ninguém, provavelmente nem mesmo ele, sabia qual seria seu próximo passo.

Como criar um plano de incentivos para essa pessoa?

- ⮑ Não é possível premiar a produtividade. Eu posso produzir rabiscos no mesmo ritmo, ou mais rápido, do que Picasso, mas isso não faz de mim um grande artista.
- ⮑ Não é possível definir sua produção – "100% de bônus se você inventar o cubismo" – porque *ele* é quem precisa pensar nisso. Só então você entenderá que é isso que você quer.
- ⮑ Você não tem como oferecer-lhe mais dinheiro, se suas obras vendem bem; se ele se preocupa com dinheiro, o que provavelmente não é o caso, isso o incentivaria a continuar a repetir obras que deram certo. Os cientistas sociais também lidaram com esta questão. Fizeram com que um grupo de observadores avaliasse pinturas que

os artistas tinham feito sob encomenda contra aquelas realizadas espontaneamente, e verificaram que o trabalho sob encomenda era inferior.

Quando você analisa a questão desta maneira, verifica que os atributos de Picasso são valiosos em um campo muito abrangente. Para qualquer um que esteja desenvolvendo um negócio, ou fazendo-o passar por uma mudança significativa – o que provavelmente inclui a maioria das pessoas que administram um negócio –, eles são cruciais. Você não pode simplesmente copiar o que os outros já fizeram. Precisa estar sempre criando coisas novas, mesmo quando não tem ideia do que será. Note que isso não se aplica apenas às ações da alta diretoria. Aplica-se a todos que poderiam, se quisessem, usar sua inteligência para encontrar uma maneira melhor de realizar o trabalho. Isso significa encontrar uma forma melhor de fazer as coisas, e não apenas se esforçar mais. Os incentivos financeiros não parecem um caminho muito inteligente de alcançar isso. Deveria haver uma opção melhor.

Felizmente, existe. Uma organização que abordou esta questão é o Google. A empresa ficou famosa por deixar seus programadores passarem 20% do seu tempo fazendo qualquer coisa (relacionada a softwares) que achassem interessante. Isso não só ajudou o Google a recrutar os melhores profissionais, mas gerou novos produtos significativos, como o Google Mail.

OS INCENTIVOS REDUZEM A COOPERAÇÃO

Pense nisso; quanto alguém pode realmente fazer em uma organização sem apoio e cooperação de outras pessoas?

Quase nada. Ainda assim, os programas de incentivos são concebidos como se cada indivíduo pudesse controlar seus próprios resultados. Não faz sentido, e certamente pode minar o desempenho.

Trabalhei para uma consultoria de marketing que tinha uma filial no Reino Unido e outra nos Estados Unidos. Cada filial cuidava do seu próprio mercado: a filial do Reino Unido vendia projetos para os programas europeus a clientes na Europa, enquanto o pessoal da filial norte-americana fazia a mesma coisa para os clientes baseados nos Estados Unidos. Eram efetivamente duas empresas separadas. Percebemos, porém, que faltava alguma coisa. Os clientes eram empresas globais, e às vezes queriam um consultor de marketing com recursos globais. Se pudéssemos fazer as duas filiais trabalharem juntas, poderíamos participar de contratos realmente significativos.

Nomeamos um diretor sênior (ou seja, muito caro) de desenvolvimento de negócios internacionais, conferimos a ele um orçamento polpudo para viagens e entretenimento e esperamos, entusiasmados. Nada aconteceu. Muitas viagens, muitas atividades, mas nenhum contrato assinado. O que não fizemos foi analisar os programas de incentivos em funcionamento nos dois escritórios. Para o nosso representante internacional ser eficaz, ele precisava de muito apoio. As pessoas no Reino Unido e nos Estados Unidos tinham que lhe dar acesso aos seus clientes. Ele precisava de pessoal para desenvolver apresentações muito elaboradas que usamos para ganhar as contas. Nada disso estava nos planos, por um motivo muito simples. Os escritórios individuais funcionavam à base de incentivos, principalmente em função do seu desempenho local. Se dessem acesso a seus clientes, ou permitissem que alguns de seus funcionários trabalhassem em um negócio "internacional", isso potencialmente reduziria seus próprios resultados. Eles não recebiam o suficiente para que um negócio "internacional" realmente valesse a pena.

MOTIVAÇÃO OU MÉTODO?

É fácil identificar os problemas em atingir objetivos relacionados à falta de motivação. Na verdade, a "falta de motivação" ou "não se esforçar o suficiente" são maravilhosas explicações de uma linha só para praticamente qualquer problema. O que é ainda melhor é que, se você é o gerente, e considera a falta de motivação ou a falta de atitude uma falha moral, se sentirá superior moralmente ao aplicá-la em outra pessoa. É uma ótima maneira de lidar com os problemas, com apenas uma desvantagem – muitas vezes não funciona.

A razão pela qual muitas vezes não funciona é que não há motivação ou atitude que resolva um problema de método ruim. Pensar sobre como fazer algo antes de aumentar o esforço ajuda.

Mais ou menos nessa época, eu e meu amigo Stuart decidimos que queríamos perder peso. O enfoque de Stuart foi contratar um personal trainer para que ele passasse exercícios de ginástica bem rigorosos. A minha abordagem foi diferente.

Não gosto de sofrer, e gosto menos ainda de pagar para sofrer. Não aprecio a ideia de ter outro compromisso fixo na minha agenda diária, que está cheia o suficiente. Finalmente, não gosto da ideia de que uma parte de mim paga alguém para forçar outra parte de mim a fazer algo que claramente ela não quer. Acho que esse tipo de divisão psicológica é uma violência para a minha natureza e cria todo tipo de pressão e tensão que vai me atrapalhar em outras áreas da vida.

Eu precisava de uma abordagem que funcionasse sem força de vontade. Em primeiro lugar, procurei aconselhamento especializado. Meu filho é um atleta de verdade; ele competiu em nível regional, nas modalidades corrida e ciclismo, e estudou nutrição seriamente. A melhor maneira de começar o dia, ele explicou, é se exercitar com o estômago vazio. Como você está sem carboidratos, seu organismo queima gordura. Então, assim que acabar o exercício, tome um *shake* de proteína. Isto altera o seu metabolismo para que você sinta menos fome durante o restante do dia. Este esquema me pareceu muito bom, já que eu começava meu dia indo para o trabalho de bicicleta. O primeiro mix de proteínas que experimentei tinha um gosto horrível, mas consegui encontrar um que era até bem saboroso.

O próximo passo foi observar o que eu estava comendo ao longo do dia. Um estudo rápido da contagem de calorias do meu almoço habitual no escritório mostrou que eu poderia eliminar quinhentas calorias ao cortar o pacote de batatas fritas e o suco de fruta que costumava consumir, e escolher um sanduíche diferente. O passo final foi desenvolver o hábito de comer alguns frutos secos no meio da tarde, de modo a evitar ficar com muita fome antes do jantar.

O resultado foi um regime de dieta que não envolveu nenhuma despesa extra, nenhum compromisso de tempo extra, nenhuma dor e nenhuma necessidade de abnegação, mas que me permitiu perder consistentemente um quilo por semana. Será que funciona para você? Eu não tenho ideia, mas este não é um livro sobre perda de peso. O ponto é que o método pode ser uma alternativa melhor do que a motivação. Entendo como Stuart pode se sentir bem depois de passar por tudo que ele enfrentou, mas tenho uma satisfação maior ainda de ter encontrado uma solução engenhosa, indolor.

Para outra ilustração desse princípio, vá até a sua piscina local em qualquer dia da semana. Normalmente, alguém – geralmente um homem – está se debatendo na água criando um minitsunami, braços e pernas se agitando, salpicos de água por toda parte. E também tem outra pessoa – geralmente uma mulher – nadando *crawl*, aparentemente sem esforço algum, cortando a água como se fosse uma faca, *cerca de duas vezes mais rápido do que o do minitsunami.* A técnica importa. Acerte o método antes de acionar a moti vação. Se você acertar o método, talvez não precise de motivação.

O exemplo da dieta não só se aplica a mim como um indivíduo, mas também se aplica às organizações.

Trabalhei com uma empresa de software que tinha problemas graves e de longa data no setor de cobrança. Seu desempenho nessa área era fraco havia anos. De vez em quando, a empresa tinha espasmos de atividade para reduzir o problema, mas os resultados, quando apareciam, não duravam mais do que alguns meses. O problema tornou-se suficientemente grave para se tornar visível para o principal executivo. Sua opinião sobre o assunto era muito simples. os controladores de crédito e os contadores precisavam se empenhar mais. Aumente os incentivos e os resultados aparecerão.

Examinando mais de perto a situação, ficou evidente que as coisas não eram tão claras quanto sua apresentação quis fazer parecer. Quase todos os montantes devidos tinham como origem uma das três histórias a seguir:

➲ *O software não funciona como descrito na documentação.* O dispositivo OMGEO não tem interface adequada com o FX wotsit. O que um controlador de crédito deve fazer com essa informação? É o departamento de desenvolvimento que precisa resolver esse problema.

➲ *Insatisfação com serviços profissionais.* "Sim, Fred ficou na empresa durante vinte dias, mas não achamos que ele fez um bom trabalho. Ele deveria ter feito o trabalho em dez dias, e só vamos pagar por esse período." Mais uma vez, um controlador de crédito nada pode fazer para resolver o problema. Precisamos que o departamento de serviços profissionais se envolva.

➲ *Não consigo entender a fatura.* "Temos cinco contratos assinados em momentos diferentes, cada um com uma taxa de manutenção anual diferente. Você enviou uma fatura para todo o pacote, e não conseguimos estabelecer nenhuma relação com o total dos nossos contratos." Aqui, o departamento de contratos precisa se envolver.

Assim, descobriu-se que a empresa até poderia ter tido um número ilimitado de controladores de crédito trabalhando 24 horas por dia, mas certamente eles não resolveriam todos os problemas. Era uma questão de organização: conseguir as pessoas certas para tratar do problema. Assim que a empresa se organizou dessa forma, o problema de cobrança foi eliminado e não voltou.

O ponto em ambos os casos é que aplicar a solução de motivação em vez de melhorar o método cria tensão. No caso da minha dieta, o aspecto mais importante era que *não faltava motivação para eu perder peso*. Eu estava escrevendo este livro, o que requer uma altíssima dose de autodisciplina. Todas as manhãs eu precisava me sentar na frente de uma folha de papel ou uma tela em branco, ignorar todas as distrações e criar. Minha força de vontade, como a de todo mundo, é um recurso limitado. Algumas pessoas têm mais do que outras, mas ninguém tem uma quantidade infinita de força de vontade, e, se ela for usada em uma área, como a perda de peso, não estará disponível para uso em outras áreas, como lidar com tarefas difíceis ou desagradáveis no trabalho.

Da mesma forma, no caso da empresa de software, exigir que os controladores de crédito trabalhassem mais ou aumentar os incentivos (e, consequentemente, a pressão) simplesmente não resolve o problema. O sistema estava quebrado, e as responsabilidades se encontravam nos lugares errados. Até o problema ser resolvido, qualquer esforço extra criaria apenas mais tensão e estresse.

A dificuldade em considerar a "motivação" como resposta a questões comuns é que ela é uma solução única para qualquer tipo de problema. Se partimos do pressuposto de que agir será necessariamente doloroso, ou exigirá esforço demais ou será difícil, estamos criando uma profecia que se autorrealiza. Aplicar a solução de motivação logo de cara nos deixa cegos para a particularidade da questão. Qual é exatamente o problema? Onde estão os pontos de alavancagem, os pontos onde o menor esforço poderia ter o maior impacto?

NÃO É POSSÍVEL AUMENTAR A MOTIVAÇÃO...

...só gastá-la mais rápido.

Este é um outro problema com a motivação. Mesmo quando ajustamos o método, não podemos pressupor que esforço ou motivação extra vai resolver o problema. Talvez até resolvesse, se conseguíssemos esse fator extra. Mas muitas vezes não conseguimos.

Certamente existem evidências de que o autocontrole é um recurso limitado, como alguns cientistas sociais estabeleceram em outro experimento divertido. Os sujeitos da pesquisa foram levados para uma sala de espera. Em uma mesa na frente da sala havia uma tigela cheia de deliciosos biscoitos recém-assados e uma travessa de rabanetes. Metade dos participantes foi convidada a comer alguns biscoitos, mas evitar os rabanetes, enquanto a outra metade deveria comer os rabanetes, mas evitar os biscoitos. O experimentador, em seguida, saía da sala. Este foi um teste e tanto de autocontrole para quem gosta de rabanetes. Ainda assim, eles conseguiram resistir à tentação (como verificado por uma câmera escondida). Em seguida, os dois grupos foram convidados a resolver alguns enigmas de lógica. Na verdade, os enigmas eram insolúveis; os pesquisadores queriam ver quanto tempo os participantes aguentariam. Descobriram que os que comeram os biscoitos resistiram em média 19 minutos, enquanto o grupo dos rabanetes desistia, em média, depois de oito minutos. Por que eles desistiam antes? Porque eles tinham usado suas reservas de autocontrole resistindo aos biscoitos.

Assim que você passar a ver a motivação, o autocontrole, a autodisciplina ou a autossupervisão como um recurso limitado, as coisas começarão a parecer bem diferentes. É como a força muscular. Existe uma determinada quantidade de força, mas quando ela se esgota você precisa de tempo para se recuperar. Em situações de emergência, até conseguimos gerar uma tremenda quantidade de força de uma vez, como quando um piano cai no seu pé e você, de alguma forma, encontra força sobre-humana para erguê-lo; nesse caso, você não está criando nenhum poder extra, mas simplesmente usando o que você já tem, mas de forma mais rápida e concentrada. Se você realmente passar do seu limite, poderá sentir consequências definitivas.

Suponha que o que vale para a força muscular também é válido para a motivação. Quando "aumentamos a nossa motivação" para realizar determinada tarefa, estamos realmente aumentando ou apenas queimando nosso estoque já existente de forma mais rápida? Eu desconfio que seja o segundo caso. Existe algo que podemos fazer para aumentar nosso estoque de motivação, da mesma forma que podemos desenvolver a força muscular ao longo do tempo? Talvez, mas eu não tenho ideia de como fazê-lo. Zen budismo, tantra, ioga, artes marciais esotéricas? Não faço a menor ideia. O que ouvimos dos autores ou palestrantes motivacionais parece ser muito mais na linha de "queimando mais rápido (mas não me pergunte o que fazer quando o estoque acabar)".

Isso nos leva a uma profunda mudança de perspectiva. Se você está sofrendo de "falta de motivação" ou mesmo de "falta de autodisciplina", não é, como atualmente concebido, evidência de algum tipo de falha moral ou defeito de caráter. Mude seu ponto de vista, e o resultado será libertador.

Para começar, você poderia parar de se castigar por ser preguiçoso. Então você não dedicou dez minutos esta noite para limpar a cozinha depois de preparar o jantar? Uma tarefa trivial dessas? Bem, sim, é uma tarefa trivial, mas se você já consumiu todo o seu estoque de autocontrole no trabalho, ou em algum regime novo de exercícios radicais, então não será capaz de fazê-lo.

Devo logo dizer que este não é um argumento para não limpar a cozinha – você terá que fazê-lo de vez em quando para evitar que se torne um risco para a saúde. Pode ser um argumento para pagar alguém para limpar a cozinha, mas mais do que isso, é um argumento para pensar bem sobre o que você faz com a sua motivação. Se pequenas coisas como passar dez minutos na limpeza estão se tornando difíceis, é provável que suas reservas de motivação estejam perigosamente baixas. Para onde estão indo? Você está fazendo o melhor uso dela? O que acontecerá se um outro desafio aparecer no horizonte? Como você vai lidar com isso? O que precisa ceder?

Depois disso você pode pensar sobre orçar a sua motivação. Você faz isso? Não há dúvida de que você orça o tempo e o dinheiro também. Você sabe que não tem o suficiente de ambos para tudo que deseja fazer, ou que outras pessoas querem que você faça, e, assim, toma decisões sobre onde gastar melhor o tempo e o dinheiro. Você provavelmente não faz isso com motivação. Tacitamente, pressupõe que a motivação é ilimitada, ou que as falhas de motivação são falhas morais, em vez de problemas práticos, como a bateria do seu laptop descarregar enquanto você está no trem. Se você acredita nisso, então orçar a motivação e reconhecer que se trata de um recurso finito é inútil ou imoral.

POR QUE TANTA ONDA COM OS INCENTIVOS?

Se você aceitar mesmo parte dos meus argumentos sobre a ineficácia, ou contraproducência, dos incentivos, a pergunta óbvia será: por quê? Por que tantas pessoas estão indo pelo caminho errado?

A razão pela qual o uso de incentivos financeiros é tão problemático, e cria tantos problemas nas organizações, é que eles tentam reduzir a complexidade mais do que é possível. Isso viola a máxima de Einstein de que "Tudo deveria se tornar o mais simples possível, mas não simplificado".

Estas são as áreas em que o uso de incentivos financeiros tenta alcançar uma simplicidade que é simplesmente impossível de alcançar:

- ⮑ Reduz a complexidade do comportamento humano a um simples modelo de indivíduos movidos por dinheiro. A simplicidade é uma virtude, mas o realismo é ainda maior. Procure pelo mundo e veja o seu próprio comportamento. Você consegue identificar pessoas que fazem coisas por motivos não econômicos? Parece-me que as decisões impulsionadas por motivos econômicos são minoria. Na maior parte dos casos, fazemos as coisas porque queremos parecer bons, ou nos sentir seguros, ou desfrutar da aprovação ou do respeito de nossos colegas, ou nos divertir, ou aprender coisas novas. Quando se trata da vida como um todo, existe consenso; mas parece que temos uma certa inibição em reconhecer isso nas organizações.
- ⮑ Ignora a complexidade da vida organizacional. A verdade é que, vamos admitir, há muito pouco que se possa fazer em uma organização sem o apoio e a cooperação dos outros. Fundamentalmente, uma empresa é um jogo de equipe. E, no entanto, damos incentivos aos indivíduos, por realizações individuais. Por quê? Porque é mais simples.
- ⮑ Ignora a complexidade das decisões que as pessoas tomam, e a natureza subjetiva do desempenho. Nenhum trabalho acima no nível mais simples maximiza nada, mas procura alcançar um equilíbrio entre objetivos conflitantes.

Digressão: administração científica

A "administração científica" saiu diretamente do Cemitério de Ideias Mortas. O problema é que ela é como um vampiro que não fica no túmulo. Cada vez que alguém espeta uma estaca em seu coração (foi amplamente desacreditada e abandonada no setor de fabricação, por exemplo), ela reaparece em outro lugar.

Essa é uma tecnologia de 100 anos de idade. As ideias básicas remontam a Frederick Winslow Taylor e seus conceitos de "administração científica" nos primeiros anos do século passado. As premissas básicas dessa ideia, parafraseando sem distorcê-las, eram as seguintes:

- Nós, os gestores, somos inteligentes.
- Vocês, os trabalhadores, são estúpidos.
- Assim, nós criaremos as tarefas para vocês; o que vocês vão fazer e como vão fazê-lo.
- Vocês, trabalhadores, farão exatamente o que lhes foi dito, da maneira em que foram instruídos. Concentrem-se em realizar a tarefa da forma mais rápida possível.
- Como uma garantia adicional de desempenho de pico, vamos criar uma série de recompensas e punições para você.

Alguma semelhança com uma organização que você conhece? Algum call center com o qual você tenha trabalhado recentemente? Você gosta de trabalhar com call centers? Lembra-se da história da Dell contada no Capítulo 4 sobre avaliação? É um caso clássico de taylorismo levantando da tumba para causar estrago com sua obsessão tacanha e estúpida com a duração de uma chamada. Lembre-se de que F. W. Taylor, cerca de cem anos atrás, estava organizando e codificando o que funcionava na época. Portanto, é provável que o que ele elaborou de fato funcionasse naquele tempo. O que mudou desde então? Muita coisa, mas talvez o mais importante seja o fato de que, enquanto no mundo de Taylor, a maioria das pessoas talvez fosse de "trabalhadores" e não houvesse problema em ter apenas poucos "gerentes", hoje quase todo mundo precisa se comportar como um "gerente". Todo mundo precisa procurar melhores formas de trabalhar. Todo mundo precisa ter alguma visão do panorama geral. Isto significa, voltando ao problema da vela, que quase todo mundo está tentando resolver a versão difícil do problema, a que envolve a capciosa manobra cognitiva, e não a versão mais simples. Os incentivos, portanto, estão atrapalhando.

Na minha carreira, fiz essa humilde descoberta. Durante anos, consegui me especializar em situações de "virada". Eu estava lá porque o meu predecessor falhara e a empresa estava enfrentando uma tremenda confusão que precisava ser resolvida muito rapidamente. Nesse tipo de situação, você não tem outra opção a não ser fazer o que funciona, independentemente do que você ou qualquer outra pessoa ache que "deveria" funcionar. O que eu descobri foi que, por mais caótica que esteja a situação, as pessoas que estão fazendo o trabalho têm uma ideia melhor de como é o serviço do que eu. Isso se aplicava em todos os níveis hierárquicos: de contadores qualificados a jovens funcionários administrativos. Eu tinha muito mais experiência do que eles, mas, quanto menos eu interferisse com a forma como eles trabalhavam, melhores seriam os resultados. Meu trabalho era garantir que eles haviam entendido os objetivos, e dar-lhes feedback. Eu, na verdade, lhes dizia: "Sabe aquelas dez prioridades? Esqueça sete delas, e concentre-se nestas três." Então, eu garantia que eles soubessem como estavam se saindo no trabalho, com atualizações diárias sobre os montantes cobrados ou o número de disputas resolvidas, ou qualquer outra prioridade. Eu não pensava sobre "motivação". Não oferecia bônus financeiros – não podia, porque não havia dinheiro disponível para isso. Apesar do caos circundante, quase todos ficaram altamente motivados. A maioria das pessoas fica, quando sabe o que precisa fazer para alcançar os resultados desejados e como está se saindo.

ALGUMAS ESTRATÉGIAS DE "MOTIVAÇÃO" QUE FUNCIONAM

❶ Reconheça a complexidade dos indivíduos. Talvez não seja uma mensagem de boas-vindas, mas é preciso reconhecer a realidade; as pessoas são complexas, com níveis de motivação variados e, às vezes, perversos. Não podemos tratá-las como atores econômicos racionais.

❷ Reconheça a interligação da vida organizacional. Não defina incentivos individuais onde os resultados surgem a partir de um esforço de equipe.

❸ Não se fixe na "motivação". Pense primeiro sobre o método. Se você quer que o desempenho melhore, comece partindo do pressuposto de que todos já estão se empenhando ao máximo. Eles podem se beneficiar de cursos de formação ou treinamento, ou de uma reorganização do trabalho, ou uma compreensão mais clara do que a organização está tentando alcançar. Fazer isso é um pouco mais complexo do que simplesmente oferecer incentivos financeiros mais altos, mas, por outro lado, tem mais chance de dar certo.

❹ Reconheça a complexidade das decisões que precisam ser tomadas. Como o gerente de compras, muitas vezes precisamos decidir entre objetivos conflitantes. Você não sabe se eles alcançaram o melhor resultado – na verdade, nem mesmo sabe qual é o "melhor" resultado. Como, então, é possível estabelecer metas para um programa de incentivos?

Dê um passo além do taylorismo. Pare de dizer às pessoas: "Este é o seu trabalho e estes são os seus objetivos." Em vez disso, tente: "Isto é o que estamos tentando alcançar, e é assim que vimos agindo. O que você pode fazer para ajudar?"

POR QUE NÃO PODEMOS DISPENSAR OS BÔNUS?

Diante de tantas consequências nefastas dos incentivos financeiros pode ser tentador acabar com eles completamente, mas isso também não vai funcionar.

Para entender o motivo, precisamos ir para um dos cantos mais distantes do Cemitério das Péssimas Ideias e exumar a obra de Karl Marx.

Marx dedicou muito trabalho ao que chamou de "mais-valia". A ideia era que o valor nos negócios era criado pelos esforços dos trabalhadores, mas os perversos capitalistas conseguiam ficar com boa parte desse valor, pagando aos trabalhadores menos do que o valor que eles haviam produzido. Os motivos dos capitalistas para isso incluíam:

⮑ Eles tinham a vantagem, pois o capital era escasso, e o número de trabalhadores, abundante. Havia um "exército de reserva de mão de obra", ou seja, desempregados que viviam sem nada, prontos para assumir os postos de trabalho daqueles que se recusassem a participar do jogo dos capitalistas.

- ⮑ Os trabalhadores eram intercambiáveis. O operário ou o mineiro típicos do século XIX não tinham muita educação ou especialização. Ofereciam músculos, e não cérebro, e isso não é difícil de substituir.
- ⮑ A estrutura da indústria do século XIX favoreceu o capitalista. O valor estava no investimento em capital, e não nos trabalhadores. Se todos os trabalhadores em uma mina ou fábrica fossem embora, o valor permaneceria na fábrica ou mina. Os trabalhadores não podiam fazer muita coisa por conta própria, e o capitalista poderia facilmente recrutar um novo grupo de trabalhadores. Compare isso com um negócio moderno mais típico, digamos, por exemplo, um banco de investimento. Neste caso, é muito fácil os indivíduos ou as equipes abandonarem o navio e levarem o valor consigo – conhecimento e relacionamento com os clientes. Seu antigo empregador fica com muito pouco.

A solução de Marx para isso era que os trabalhadores poderiam assumir os meios de produção. Isso levou a algumas formas espetacularmente ineficazes e ineficientes de organização econômica, mantidas, como no caso do ex-bloco soviético, por alguns regimes políticos extremamente desagradáveis. Ninguém quer voltar a esse passado. Acabou, graças a Deus. O que realmente aconteceu foi diferente, e muito mais interessante.

Os trabalhadores não levaram os meios de produção. Os trabalhadores *tornaram*-se os meios de produção. Não é que "nossos funcionários são importantes para a empresa".

É que "nossos funcionários *são* a empresa". Um grande número de funcionários intuitivamente entende isso agora, e age com essa perspectiva em mente, como eu fiz há 15 anos.

Tive a oportunidade de ser diretor financeiro de uma importante agência de design. A agência era de propriedade de dois sócios. Um deles, o diretor comercial, estava à frente do recrutamento. Ele fora diretor de marketing e cliente da agência antes da mudança. O motivo da mudança foi que ele viu um enorme potencial inexplorado na agência; com um foco mais comercial, poderia aumentar as receitas e a rentabilidade substancialmente. Após vários anos na companhia, ele se sentia muito frustrado. O potencial ainda estava lá, mas ele não tinha sido capaz de torná-lo realidade. Assim, achou que conseguir o diretor financeiro certo era parte essencial do plano. Eu concordei com ele, e vi como poderia melhorar os resultados de forma dramática, fazendo o mesmo que eu tinha feito anteriormente em outra agência publicitária – e tornar os dois sócios vários milhões de libras mais ricos.

Dado o valor de minha contribuição, parecia razoável (para mim, pelo menos) que eu recebesse uma parcela do capital social. Por que eu iria gastar o meu precioso tempo para tornar dois colegas milhões de libras mais ricos em troca de apenas um salário razoável? Um marxista diria que eu alcançara a "autoconsciência revolucionária". Eu diria simplesmente que conheço meu valor, e a minha autoestima não permitiria que me contentasse com apenas um salário e um bônus anual.

No final das contas, eles não foram receptivos à ideia da minha participação acionária, e dei por encerrada a questão. Não acho que a participação acionária teria me feito trabalhar mais se eu tivesse aceitado a tarefa. Como a maioria das pessoas que trabalham em altos níveis, sou motivado por fatores muito pessoais para dar o meu melhor. O que teria me matado, se eu tivesse aceitado trabalho sem participação acionária, teria sido a injustiça percebida. Eu teria trabalhado tanto quanto os meus colegas para enriquecê-los, e não a mim. Isso teria arruinado meu relacionamento com eles. Fiz muitas escolhas estúpidas na minha carreira (se houvesse um Hall da Fama para decisões idiotas, algumas delas estariam encabeçando a lista junto com a decisão de Napoleão de invadir a Rússia), mas esta era óbvia até mesmo para mim.

ENTÃO, O QUE VOCÊ SABE SOBRE INCENTIVOS?

Chegamos a um ponto em que não podemos viver com eles nem sem eles. Para conseguirmos recrutar talentos, os incentivos são necessários. E também precisamos deles porque temos de manter um senso de justiça quando se trata de recompensas financeiras. Por outro lado, eles podem gerar resultados desastrosos. O que fazer? Aqui estão algumas sugestões para uma solução parcial do problema.

Apenas uma solução parcial, ou aceitável, é possível. Este é provavelmente um bom conselho para lidar com qualquer um dos aspectos tratados neste livro, mas, neste caso, é crucial. Os incentivos trabalham com a psicologia humana, e a psicologia humana é perversa, contraditória, paradoxal e geralmente bizarra e irritante. Nenhum programa de incentivos pode resolver plenamente todas essas questões, e você pode ficar louco tentando. Acima de tudo, evite aumentar a complexidade. É fácil entrar no círculo vicioso, em que determinado programa leva a consequências inesperadas, que, por sua vez, levam a ajustes ao programa, que levam a maior complexidade, que levam a consequências mais inesperadas, que levam a mais ajustes, que levam a mais consequências inesperadas... que, por fim, levam a um sistema que ninguém entende e cujos resultados são totalmente imprevisíveis e dissociados do que você estava tentando alcançar em primeiro lugar. Procure manter a simplicidade.

Na medida do possível, valha-se de incentivos não financeiros. Orgulho do trabalho, satisfação com o domínio pessoal, desejo de apoiar os colegas e ser respeitado por eles... todos esses são fatores poderosos que podem ser alimentados para impulsionar o desempenho. Lembre-se de como acrescentar incentivos financeiros poderá destruí-los. Procure pessoas que pareçam ser motivadas por esses fatores. Alguém que parece impulsionado por um desejo de se superar ou de ser parte de uma equipe de sucesso é, provavelmente, melhor opção como funcionário do que alguém cujo principal interesse é em sua própria recompensa financeira – você pode identificar essa pessoa ainda na fase de recrutamento. Na maioria dos cargos, alguém que parece excessivamente "movido a dinheiro" pode muito bem acabar tentando maximizar sua própria recompensa pessoal à custa dos colegas ou do propósito da organização, e *não* é isso que você quer.

Recompense o sucesso da equipe com incentivos de equipe. Quem em sua organização pode ser bem-sucedido sem o apoio dos colegas? Quem não tem uma maneira de aumentar os próprios resultados de forma a criar problemas para os outros? Não existem tantas pessoas assim. Na maior parte dos casos, as equipes alcançam o sucesso ou o fracasso juntas. É bom lembrar todo mundo disso e, se você usar incentivos financeiros, todos devem apoiar a iniciativa. Não é bom falar sobre trabalho de equipe se você paga bônus individuais.

Não espere que o pagamento de bônus aumente o desempenho. Recompensas financeiras talvez persuadam as pessoas a trabalhar com você, e as boas negociações podem tirar o dinheiro da discussão para que elas possam continuar trabalhando sem ser incomodadas por um sentimento de injustiça. Na maioria dos casos, recompensas financeiras não melhorarão o desempenho. Para isso, você precisa de outra coisa (dica: chama-se boa gestão).

Seja justo. Este é um aspecto essencial. Há boas evidências que sugerem que o dinheiro não aumenta o desempenho, mas um sentimento de injustiça em relação à forma como ele é distribuído vai reduzi-lo de qualquer maneira. Cada vez mais, aqueles que você quer ao seu lado vão se considerar meios independentes de produção. De uma forma que Marx poderia gostar (ou que poderia surpreendê-lo), elas se libertaram mentalmente do proletariado e começam a pensar como capitalistas. Não basta oferecer a elas um salário que pague as horas trabalhadas – elas vão querer parte do valor que criam.

Eduque as pessoas. Pare de isolá-las em silos, com a instrução de se concentrar em suas próprias tarefas e deixar que você cuide do panorama geral. Ajude a equipe a entender como cada tarefa individual contribui para o todo. Forneça a informação de que os membros da equipe necessitam para entender como esse todo está se saindo, e como o que eles fazem ajuda ou atrapalha. Isso pode ser um fator poderosamente motivador, desde que você não estrague tudo oferecendo, em seguida, incentivos financeiros com foco limitado.

Pergunte com o que *você* contribui como empregador. Somos tentados a construir nossas empresas simplesmente atraindo os funcionários de melhor desempenho, mas isso traz também vários problemas:

- As estrelas acabam sendo medíocres com boas habilidades de autopromoção e que se destacam em entrevistas.
- As estrelas eram realmente estrelas em seus últimos empregos, mas não são eficazes em seu novo ambiente de trabalho.
- As estrelas se destacam em seu novo ambiente, mas, conforme a análise neomarxista acima, captam todo o valor do seu desempenho para si mesmas.

A questão realmente importante que você precisa ser capaz de responder é esta: "Por que essas pessoas serão mais produtivas trabalhando para nós do que para qualquer outro?" É uma pergunta simples de fazer, mas difícil de responder. Se você não tem uma resposta decente, no entanto, não fará sentido empregá-la.

O proprietário de uma mina de carvão ou o de uma fábrica do século XIX pode ter sido muito criticado por Marx e outros relacionados a ele, mas ele pelo menos tinha uma boa resposta para esta pergunta. Sem a mina ou a fábrica, os trabalhadores seriam reduzidos a cavar seus próprios quintais com pás ou tecer em teares manuais em seus próprios sótãos – isto é, seriam todos completamente improdutivos.

O mundo dos negócios do século XXI precisa chegar a uma resposta semelhante à pergunta. Provavelmente, não é tão simples como ser proprietário de uma mina ou fábrica. Pode envolver tecnologia proprietária ou equipamentos sofisticados, mas cada vez mais terá que ser algo que envolva a forma como os indivíduos trabalham juntos. O que motiva e orienta seu pessoal pode ser a cultura, ou uma organização mais bem-concebida, ou uma direção mais clara e mais bem-transmitida de aonde a organização pretende chegar

CAPÍTULO 8

É HORA DE COMEÇAR A PENSAR SOBRE COMO PENSAR

VOCÊ JÁ ESTÁ SE SENTINDO PARANOICO?

Espero que os capítulos anteriores não tenham deixado você deprimido ou desesperado. Espero, porém, que tenham lhe causado uma paranoia produtiva. Espero que eu tenha plantado em seu íntimo uma semente de dúvida, uma ideia de que talvez você esteja se enganando ou se deixando levar sem rumo.

Mantenha a paranoia em um nível baixo. Existe saída.

Como trazer seu pensamento para fora da caverna

Em primeiro lugar, reconheça como o pensamento do homem das cavernas está condicionando a maneira como você lida com os problemas modernos. Em particular, reconheça que o homem das cavernas lida muito mal com a mudança.

Em segundo lugar, use o restante do livro para ajudá-lo a identificar áreas em que o seu pensamento pode ser atualizado.

A boa notícia é que você tem todas as ferramentas de que precisa. Você precisa praticá-las de forma mais consciente e treinar para detectar quando o homem das cavernas está interferindo. Isso envolve *pensar sobre como pensar*.

PENSAR SOBRE COMO PENSAR

Vamos distinguir três níveis de pensamento, cada um com uma imagem associada.

O primeiro é o mais simples:

Esta é a ação reflexa, também conhecida como reflexo condicionado, ou, ainda menos caridosamente, reação instintiva. Há um estímulo – algo que vemos, ou vimos ou sentimos – que produz uma resposta. O mesmo estímulo, experimentado cem vezes em lugares diferentes, ou em diferentes contextos, sempre produzirá exatamente o mesmo resultado. O processo é inconsciente; embora tenhamos de fato tomado uma decisão, não temos consciência de ter feito isso. Não consideramos opções.

Esta abordagem era popular na Idade da Pedra, e com razão. Quase todas as ameaças ou oportunidades eram as mesmas encontradas antes, não eram difíceis de reconhecer ou de compreender, e a ação necessária era simples. "Olha o grande tigre-dentes-de-sabre, corra!"

A grande vantagem da reação reflexa é a sua velocidade, e o fato de que parece ser a *coisa certa* a fazer. Aflito, o homem das cavernas talvez tivesse se perguntado se poderia correr mais do que o tigre-dentes-de-sabre, mas ele não tinha dúvida alguma quanto ao fato de que correr era a atitude correta.

Há evidências neurológicas, com base em imagens do cérebro, de que nós tomamos muitas decisões antes de pensarmos sobre elas. Ou seja, as partes do cérebro que tomam decisões se ativam antes das partes verbais. Quando pensamos, acreditamos que estamos tomando a decisão, mas, na verdade, estamos racionalizando o que já foi decidido. Como um cientista social descreveu: "Os seres humanos não são seres racionais, mas seres racionalizadores."

Para ilustrar o ponto, considere esta charada muito simples. A raquete e a bola juntas custam 1 dólar e 10 centavos. A raquete é 1 dólar mais cara do que a bola. Quanto custa a raquete? Você provavelmente saltou para a resposta errada: a raquete custa 1 dólar. Eu fiz isso, e sou *formado em matemática*. A resposta "a raquete custa 1 dólar" apareceu na minha mente, não tenho ideia de onde. Em seguida, a parte matemática da minha mente entrou em cena e disse algo do tipo: "Espera aí, isso não está certo." No final, eu tive que usar a álgebra para resolvê-lo:

$$r + b = 1{,}10$$
$$e$$
$$r = b + 1$$
$$\text{então}$$
$$2b + 1 = 1{,}10$$

$$\text{Dessa forma}$$
$$b = 0{,}05$$
$$e$$
$$r = 1{,}05$$

Este é um probleminha trivial, embora diabolicamente bem-projetado para enganar. Quase errar o problema foi até engraçado para mim, mas imagine o que teria acontecido se eu encontrasse um problema capcioso assim ao tentar pousar um avião.

O mundo dos negócios está repleto de reações reflexas questionáveis:

- O desempenho do departamento está despencado. Alguém não está à altura do cargo. A solução é mais treinamento ou demissão.
- Os lucros diminuíram – os custos precisam ser reduzidos.
- As vendas estão caindo – os nossos preços são muito altos.

Como veremos, estas são respostas altamente questionáveis na melhor das hipóteses. Na maioria das vezes, estão simplesmente erradas.

Já falamos muito sobre reação reflexa. O próximo nível de sofisticação requer um algoritmo, ou uma lista de verificação.

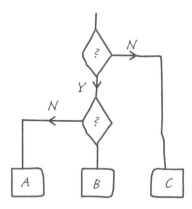

Ao contrário da reação reflexa, ele funciona no nível consciente. Algo acontece, e você passa por um processo de decisão:

- É um tigre-dentes-de-sabre.
- É muito grande? Se a resposta for "sim", corra.
- Se a resposta for "não": estou com minha lança em mãos? Se sim, enfrente o tigre. Se não, corra.

No mundo moderno, isso pode ser aplicado por um piloto que experimenta falhas no motor:

- O motor simplesmente parou ou está pegando fogo?
- Estou próximo a um aeroporto ou sobrevoando o oceano?

Este tipo de pensamento é mais sofisticado do que o reflexo condicionado por várias razões:

- Realmente para com o objetivo de examinar a natureza precisa do estímulo. (Um tigre-dentes-de-sabre grande ou pequeno? O motor parou de funcionar ou está em chamas?)
- Ele analisa o contexto. (Eu tenho uma lança comigo? Estou perto de um aeroporto?)
- Ele permite respostas diferentes, dependendo dos primeiros dois pontos.
- É consciente – sabemos que estamos tomando uma decisão, pois raciocinamos conforme o algoritmo.

As desvantagens do algoritmo são duplas.

Em primeiro lugar, ele é mais lento do que o reflexo condicionado. Em certas situações, talvez não haja tempo para avaliar a natureza exata do estímulo (está escuro, não consigo ver se o tigre é mesmo grande, mas tem muitos dentes e está fazendo um barulho danado de tigre faminto...). Às vezes, talvez simplesmente não seja possível obter os dados a tempo, ou analisá-los rapidamente.

Em segundo lugar, ele requer que a situação seja relativamente clara e objetiva. Você pode não conhecer os detalhes, mas sabe o que precisa descobrir. Suas opções de ação devem ser definidas de forma relativamente clara e devem ser poucas em número. Isso é bastante viável para um piloto que voa de Londres para Nova York, mas nem tanto para um executivo que pilota um negócio complexo em meio a uma recessão.

O algoritmo não consegue lidar com questões difusas como por exemplo "Como estará o meu negócio daqui a cinco anos?". Também não tem condições de lidar com os "desconhecidos desconhecidos" – fatores que não sabemos que não sabemos.

Pense em como poderíamos aplicar um algoritmo às reações reflexas mencionadas:

- ⤷ O desempenho do departamento está despencado. Alguém não está à altura do cargo. A solução é mais treinamento ou demissão.
- ⤷ Os lucros diminuíram – os custos precisam ser reduzidos.
- ⤷ As vendas estão caindo – os nossos preços são muito altos.

Pare e reflita sobre esta forma de pensar. Será que a abordagem reflexa é o caminho certo para resolver esses problemas? Por exemplo, qual poderia ser a causa da queda nas vendas? Os preços altos são certamente uma possível causa, mas o que mais poderia estar acontecendo?

Qual é o tempo necessário para resolver esses problemas? Não são segundos ou minutos, como é para o homem das cavernas que depara com o tigre ou para o piloto com o motor em chamas. As ações necessárias para resolver esses problemas serão tomadas – terão efeito – ao longo de meses ou mesmo anos. Não deveria, portanto, ser um problema dedicar alguns dias ou mesmo semanas para descobrir exatamente qual é a questão e analisar as opções para resolvê-la.

Para onde quer que você olhe, encontrará exemplos de decisões tomadas como ações reflexas que teriam sido melhores se tivessem sido tomadas usando um algoritmo. Vejamos dois exemplos:

No início da recessão, em 2009, diferentes empresas de produtos industriais tiveram resultados muito diversos. A Procter & Gamble viu seus lucros caírem 18%, enquanto a Unilever teve uma redução de 17%. A Reckitt Benckiser, por outro lado, aumentou seus lucros em 14%. A diferença foi explicada pelo fato de que as duas primeiras pareciam ter sucumbido a uma reação de reflexo, ao passo que a Reckitt passou por um processo de raciocínio.

A Unilever e a P & G pensaram: "Tempos difíceis pela frente, os consumidores vão querer gastar menos." As empresas lançaram versões de "valor" de seus produtos.

O processo de pensamento da Reckitt, por outro lado, era mais sofisticado. A empresa pensou: "Tempos difíceis pela frente, os consumidores se tornam mais conscientes do valor. Ou vão querer gastar menos, ou precisamos trabalhar *mais* para convencê-los de que vale a pena gastar mais." A Reckitt escolheu a segunda opção, lançando versões substancialmente superiores de seus produtos, em alguns casos custando o dobro das versões "baratas". Como essas versões eram genuinamente superiores, tiveram sucesso, e os lucros da Reckitt subiram.

O segundo exemplo é da minha própria experiência. Um cliente me pediu para visitar sua subsidiária espanhola, que vinha realmente enfrentando dificuldades. A empresa tinha quase decidido fechar a filial espanhola e fazer o melhor possível para atender ao mercado espanhol da França mesmo. Eu passei pelo raciocínio descrito no Capítulo 3 sobre redução de custos e descobri que, na verdade, a empresa era uma oportunidade de crescimento.

O modelo de resolução de problemas de quatro níveis

Antes de passarmos para a terceira forma de pensar, deixe-me apresentar um algoritmo de propósito geral útil, o modelo de resolução de problemas de quatro níveis. Esta é uma maneira de considerar, muito rapidamente, todas as razões possíveis para determinado problema e, assim, assegurar-se de que você identificou a real causa e chegou a uma solução eficaz.

O primeiro passo para a resolução de um problema é entender onde a causa está localizada – ela pode estar em níveis diferentes da organização. Por exemplo, se você está preocupado com o aumento da pressão sobre os preços, proporcionar treinamento em negociação para a força de vendas não vai ajudar se você vem tentando competir em preço com os chineses. Este modelo é para ajudá-lo a ter certeza de que identificou o problema real, e não apenas um sintoma.

O modelo usa uma hierarquia de quatro níveis. Em geral, quando não identificamos adequadamente onde está o problema, ele costuma ser colocado em um nível mais baixo, em vez de mais alto. Intervenções feitas em níveis mais altos geralmente têm maior impacto. Problemas em um nível mais alto podem tornar ineficazes quaisquer intervenções em níveis mais baixos; no exemplo abaixo, se o produto da empresa é obsoleto ou caro demais, nenhum tipo de esforço em termos de incentivos de vendas ou no desenvolvimento das habilidades de vendas surtirá resultado.

Os quatro níveis são, em ordem decrescente:

❶ *Estratégia e objetivos:* o que é o produto, quem é o cliente, quem é a concorrência? Qual o tamanho da empresa?

❷ *Organização:* quem é responsável pelo quê? Como a autoridade é delegada na organização? Este procedimento é perfeitamente claro? Há alguma sobreposição ou lacunas?

❸ *Incentivos e informações:* como são os programas de incentivos (informais e formais)? Eles apoiam os objetivos globais da organização? Existe informação disponível para mostrar como a organização está progredindo em relação aos seus objetivos estratégicos?

❹ *Desempenho individual:* questões de competências e motivação.

A tabela a seguir mostra como o mesmo problema, "as vendas estão baixas demais", pode estar localizado em diferentes pontos. Cada local precisa de uma solução diferente.

Nível	Exemplo do problema "as vendas estão baixas demais"
Estratégia e objetivos	• Estamos vendendo trens a vapor • Estamos tentando competir com os chineses • Nossa previsão de receita é de 50 milhões de libras, o orçamento de marketing do nosso concorrente é de 40 milhões de libras (ou seja, somos pequenos demais)

Nível	Exemplo do problema "as vendas estão baixas demais"
Organização	• A equipe de campo está tentando vender para lojas individuais de cadeia – necessidade de uma função de conta nacional • Vários membros da equipe de vendas atuando com o mesmo cliente, mas vendendo linhas diferentes
Incentivos e informações	• Não sabemos quais são nossos melhores clientes, por isso não é possível identificar possíveis clientes com alto potencial e priorizar as ações com base nessas informações • Incentivos informais com base nas taxas cobradas por atividades, em vez de por resultados • Falta de dados sobre a relação com os clientes (ou seja, o banco não consegue identificar quando o cliente de poupança é o mesmo cliente de hipoteca) • Incentivos são fracos ou inexistentes para a venda cruzada
Desempenho individual, motivação e competência	• A equipe de vendas não consegue articular um preço de venda único ou uma proposta de valor • A equipe de vendas está desmoralizada • A equipe de vendas não consegue negociar com compradores agressivos

Usando o modelo, podemos identificar rapidamente o que está acontecendo e o que precisa mudar. Por exemplo, eu o usei com um diretor executivo cujo problema era "os gerentes de departamento não estão controlando seus custos indiretos de forma satisfatória". Passamos pelos quatro níveis:

- Primeiro, estratégia e objetivos. Neste caso, são objetivos; todos compreendem que é tarefa deles controlar os custos indiretos do seu departamento, e percebem o quanto esta função é importante? Hum... talvez não em todos os casos.

- Segundo, organização. Neste caso, a questão é se está claro quem é o responsável por esta função. Se houver custos pelos quais ninguém se responsabiliza, ou custos em que a responsabilidade é compartilhada, haverá menor probabilidade de você conseguir um bom nível de controle. Neste campo, tudo está bem.

- Terceiro, incentivos e informações. Todos os gerentes de departamento obtêm as informações de que precisam? As informações são suficientemente detalhadas? Sim e sim – nenhum problema neste nível.

- Quarto, desempenho individual e competência. Todos os gerentes têm conhecimento financeiro necessário para compreender os relatórios de custos e entender o que fazer a respeito? Talvez alguns não tenham.

Agora temos a receita para a ação. Converse com todos os gerentes e lembre a eles que controlar os custos indiretos é parte importante de sua função. Em seguida, organize algumas sessões de treinamento com o departamento financeiro para que todos compreendam como proceder.

Isso leva cerca de cinco minutos. Assim que tiver feito as perguntas, as respostas serão fáceis de obter. O valor é passar por um processo que force você a procurar áreas que provavelmente nem perceberia de outro modo. Eu, nessa situação, talvez tivesse deixado passar a possibilidade de que alguns dos gerentes não soubessem interpretar os relatórios. Isso porque minha formação é financeira e, para mim, essas informações são absolutamente corriqueiras. Outra pessoa pode ter deixado passar o fato de que ninguém havia informado aos gerentes como o controle dos custos indiretos é importante.

Existem outros algoritmos úteis. Por exemplo, o Modelo de Cinco Forças de Michael Porter é um algoritmo muito prático para pensar sobre estratégia. Existe um risco ao aplicá-lo de focar na gama de produtos existente e nos concorrentes existentes. O modelo de Porter força você pelo menos a considerar se pode ou não haver outros atores prestes a entrar no seu mercado, e se podem existir produtos substitutos capazes de reduzir a sua participação de mercado. O modelo não vai tomar decisões por você, mas, certamente, o processo vai ajudá-lo a tomar melhores decisões.

Os dois métodos discutidos até agora – o reflexo e o algoritmo -- lidam com praticamente todas as decisões do seu dia a dia. Existem alguns casos, no entanto, que precisam de algo mais vigoroso.

Este é o pensamento criativo.

Pensamento criativo ou "confuso"

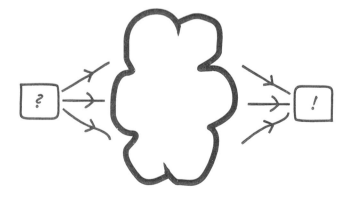

A imagem para esse tipo de pensamento é muito mais confusa. Existe uma pergunta inicial e várias opções de ação. No meio da figura temos uma nuvem de incerteza. Você avança pela nuvem (de uma maneira que o diagrama não consegue explicar) e converge para chegar a uma resposta.

Este é o tipo de pensamento necessário quando a questão é definida de forma abrangente, como, por exemplo, "Como será esta empresa daqui a cinco anos?", e você não tem a menor ideia do que precisa perguntar.

Esta forma de pensar não agrada muito.

- ⮕ Existe uma nuvem de incerteza no meio. O que está ali? Como passar por ela? Será que serei capaz de superá-la, ou ficarei perdido para sempre dentro dela, possivelmente em um círculo vicioso?
- ⮕ É difícil definir limites para o processo de pensamento. Com um algoritmo, sabemos quais são as etapas e a ordem que devemos seguir; assim, podemos alegar que já cumprimos 50% ou 75% do processo previsto.
- ⮕ Se mais alguém está confiando em você para resolver um problema desta maneira e estão todos ansiosos, será bem difícil convencê-los de que você está no controle. Se tivesse um algoritmo, você poderia pelo menos explicá-lo e manter seus colegas informados sobre o andamento do processo. Poderia dizer algo do tipo "Identificamos a causa e agora estamos avaliando três possíveis soluções. Esperamos ter uma recomendação até o final do mês", que é melhor do que dizer: "Estamos em meio a uma nuvem de incerteza e esperamos sair dela em breve, em algum lugar."

A boa notícia é que, na maioria das situações, o pensamento criativo não é necessário. Você pode aproveitar a experiência passada, ou a experiência dos outros, usando um algoritmo.

A má notícia é esta:

- ➲ Para algumas questões, o pensamento criativo é a única solução, e
- ➲ Estas tendem a ser as questões mais importantes, aquelas que fazem ou quebram seu negócio.

Como decidir como decidir?

Todos os três tipos de pensamento têm sua utilidade. O objetivo é ter certeza de que você escolherá o caminho certo para o propósito certo. Seria tolice passar por um processo de pensamento criativo para resolver um problema que já foi resolvido muitas vezes antes por você, ou por outras pessoas, e que poderia ser solucionado por meio de um algoritmo. Por outro lado, seria inútil tentar aplicar algoritmos baseados em experiências passadas a uma questão totalmente nova, na qual não está claro de que tipo de informação você precisa, ou quais são as causas do que você está observando. Isso requer pensamento criativo, quer você goste, quer não.

Observar algumas das características dos diferentes tipos de pensamento tenderá a influenciar sua decisão de qual deles usar, não necessariamente de forma útil.

A ação reflexa é muito rápida. Pelo menos permite que você avance imediatamente para a ação. Se você está sob pressão, do seu chefe ou de seus investidores, para produzir uma resposta rápida, a ação reflexa é muito atraente. Também é atraente se você está sob muita pressão de tempo. Um algoritmo pode ser muito rápido (por exemplo, um piloto que planeja um pouso de emergência), mas, geralmente, demora mais. Demanda alguma investigação antes de você decidir o que fazer e implementar. O pensamento criativo é mais demorado ainda e, o que é pior, sua duração é imprevisível.

A ação reflexa é confortável. Parece "certa". Não temos consciência de que estamos tomando uma decisão, então, todas essas questões de incerteza, erro, arrependimento ou embaraço, se errarmos, simplesmente não se aplicam. Usar um algoritmo é um processo consciente. Estamos conscientes de que estamos tomando uma decisão, e que podemos fazer alguma coisa errada. Por outro lado, o algoritmo nos conforta, pois transmite a sensação de confiança de que pelo menos fizemos todas as perguntas certas e que, se o pior acontecer, teremos alguma cobertura. Sempre podemos nos justificar – seguimos o processo. Se não deu certo, é porque algo muito excepcional aconteceu. O pensamento criativo não oferece esse tipo de segurança. Você está por sua própria conta e risco e, se der errado, não haverá mais ninguém para culpar.

Então, aceitando este viés, como você decide como decidir?

A ação reflexa funciona quando não importa o que está causando o efeito que você observa. Se você observa X, não importa se X é causado por A, B ou C. Qualquer que seja a causa, a ação necessária é a mesma.

O algoritmo, por outro lado, é necessário quando você precisa investigar as causas. Eu observo X. Se ele for causado por A, então eu preciso fazer Y. Se a causa for B, então eu preciso fazer Z.

Tomemos o exemplo dado anteriormente. Vamos supor que os lucros estejam baixos. A ação reflexa é cortar custos. Um algoritmo pode levar você a considerar duas causas. Talvez seja porque os custos são muito altos, caso em que você realmente precisa cortá-los. Por outro lado, talvez seja porque os preços estão em declínio como resultado da concorrência do Extremo Oriente. Se for esse o caso, então cortar custos provavelmente não é a resposta.

O pensamento criativo é o último recurso quando a questão não está suficientemente clara para nenhum dos outros dois métodos. Tende a se aplicar às grandes questões, como: "Será que ainda deveríamos estar fabricando esses produtos?" ou "Como quero que a empresa esteja daqui a cinco anos?".

Faça um teste

Observe seu processo de pensamento durante uma semana. Quantas decisões você toma com os diferentes métodos?

- Quantas decisões você toma como um reflexo, seguindo em linha reta do problema para a solução?
- Quantas decisões você toma usando algum tipo de algoritmo? Você talvez não tenha consciência do processo, mas se você se perguntar quais poderiam ser as possíveis causas do que observa, ou quais poderiam ser os cursos alternativos de ação, estará no caminho certo.
- Quantas decisões você toma usando o processo de pensamento criativo?

Agora, reflita:

Em que situações tomei uma decisão por reflexo quando eu poderia, ou deveria, ter seguido um algoritmo? Em que casos eu passei direto do problema para a solução, quando mais investigação teria ajudado?

Por outro lado, em que casos eu usei um algoritmo quando não era necessário? Existem casos em que decido passando por vários estágios, mas chego exatamente à mesma resposta? Será que eu poderia parar de pensar nesses casos e simplesmente reagir?

Em que casos eu apliquei o processo de pensamento criativo? Era necessário? Será que eu poderia ter reduzido a decisão a um algoritmo?

Por que não utilizei o processo de pensamento criativo? Lembre-se de que o processo de pensamento criativo é muitas vezes necessário para grandes e importantes decisões sobre o futuro. Será verdade que não há nada desse tipo em vista? Ou será que estou perdendo algum detalhe?

Então, levando tudo isso em conta, e reconhecendo que toda forma de pensamento tem o seu valor – será que estou aplicando o processo certo na situação certa?

Estamos agora a meio caminho da libertação de modelos de pensamento ultrapassados. Abordamos a parte racional. Agora é hora de passar para a parte emocional.

CAPÍTULO 9

O QUE FAZER AGORA?

LIBERTAÇÃO

Se você chegou até este ponto do livro, certamente é porque ele foi útil. Você ou sua organização na certa caiu em algumas das armadilhas que descrevi, e você não quer que nada disso se repita.

Você agora tem as ferramentas nas mãos, mas mesmo com uma ideia muito clara do que quer mudar, metade da batalha está ganha, na melhor das hipóteses. Você sabe que mudanças deseja fazer, mas esta é a parte mais difícil do processo. Haverá resistência.

Por isso este capítulo está centrado principalmente na psicologia, particularmente na sua. Você terá de lidar com o seu homem das cavernas interior, com a sua maneira particular de ver as coisas. Quando você começa a ter pensamentos estranhos e fazer coisas estranhas, sente resistência. E precisará também aprender a lidar com a pressão social. Lembre-se da experiência de psicologia com as três linhas no Capítulo 1. Você estará várias vezes na posição do sujeito da pesquisa que pensava que estava quase enlouquecendo. Era óbvio que a linha B tinha o mesmo comprimento que a linha do lado direito, então, por que todo mundo estava dizendo que era a linha C?

Aceite que você é humano

Crieio que esta seja a coisa mais valiosa que você pode fazer. À medida que começar a agir, coisas estranhas talvez comecem a acontecer. Deve estar claro agora que nossas mentes são compostas de diferentes partes, todas funcionando de formas diferentes e nos puxando em diferentes direções. Temos o poder da lógica, do raciocínio e do planejamento. Temos intuição. Temos o medo atávico do homem das cavernas em relação a tudo que é novo, e uma tendência comum às reações instintivas. Temos pontos cegos, medos irracionais, vieses cognitivos que nos impedem de ver como as coisas realmente são, além de resistências inexplicáveis.

Existem diferentes formas de lidar com a situação e duas maneiras comuns de entender tudo errado. Às vezes, decidimos que estamos muito bem, e que todo o nosso aparato mental está perfeitamente adaptado para a nossa situação. Vemos as coisas da maneira que elas realmente são. Nossa decisão em uma fração de segundo sobre o que fazer é necessariamente certa. Mais do que isso, nosso método super-rápido para tomar decisões é absolutamente infalível.

A outra forma errada de lidar com a nossa humanidade imperfeita é a do palestrante motivacional. Aceitamos que temos dificuldades – medos irracionais, esquiva, procrastinação e resistência –, mas decidimos corrigi-las (ou seja, a nós mesmos) em um ato heroico de vontade. Todo esse negócio de motivação tornou-se uma grande indústria, mas suspeito que o setor chegou ao tamanho que tem hoje pelas mesmas razões que o gerenciamento do tempo: simplesmente porque não funciona.

Aceitar que você é humano significa ter permissão para ser imperfeito. Aceitar que você é humano também significa estender a mesma cortesia para os outros. Assim que abandonamos a ideia de perfeição em nós mesmos, podemos também abandonar a ideia de que os outros devem ser perfeitos. Isso tem dois efeitos libertadores. Nossa colaboração com os outros torna-se muito menos estressante, e também mais eficaz. Quando alguém não reage da maneira que esperamos, em vez de descartá-la como um fracasso pessoal ou obstrução deliberada da parte dela, tentamos entender o que aconteceu.

Não existe "comportamento irracional"

Pode parecer bem estranho afirmar isso em um livro que defende acabar com formas inúteis e improdutivas de trabalhar, mas a melhor maneira de lidar com comportamentos sem sentido é supor que nenhum comportamento é sem sentido. Esse tipo de comportamento existe por algum motivo. Vimos vários exemplos ao longo do livro de como incentivos perversos, falta de informação ou estrutura organizacional inadequada resultam em ações que inevitavelmente não atingem os objetivos da organização.

Da próxima vez que você identificar que alguém está fazendo algo idiota, não parta do pressuposto de que é porque a pessoa é idiota. Em vez disso, pare e pergunte a si mesmo: "Em que circunstâncias, com que tipo do entendimento da situação, com que estrutura de incentivos, esse comportamento é sensato?"

Lembre-se da distinção entre a lógica lógica e a lógica psicológica. Sua suposição padrão muito provavelmente é que a razão deve prevalecer, mas este não será o caso. Não veja isso como um problema, mas como uma grande oportunidade. Lembre-se também da psicologia dos preços, e de como um plano para determinação dos preços das assinaturas de revistas, que não fazia absolutamente sentido algum em termos lógicos, gerou ótimos resultados na prática.

Descartar um comportamento por considerá-lo irracional é uma maneira de dizer "Eu não entendo, e não tenho como lidar com isso." É essencialmente um conselho de desespero, e na maioria das vezes não há motivo para desespero. O comportamento aparentemente irracional poderá ser explicado assim que você tiver identificado os mecanismos em ação. Pense em uma empresa como uma competição de orientação, na qual você precisa percorrer paisagens desconhecidas e complexas, com a ajuda de um mapa, e se manter à frente de seus concorrentes. O mapa, nesse caso, é o conjunto de suposições e crenças que você usa para prever o que vai acontecer e o que os outros vão fazer. O mapa também determina a forma como interpretamos o que vemos. Ter uma visão mais sofisticada do que impulsiona o comportamento é como ganhar um mapa melhor.

Sou preconceituoso, e isso é bom

É bom porque *sei* que sou preconceituoso, e posso me adaptar a isso. Eu não posso eliminar todos os meus preconceitos sem deixar de ser humano, mas, felizmente, isso não é necessário.

Todos nós temos preconceitos que afetam o que vemos quando analisamos determinado problema. Costumo observar as pessoas caírem no Erro Fundamental de Atribuição – supor que as pessoas se comportam de determinada maneira porque "elas são assim", quando, na verdade, é o sistema em que operam e os incentivos que recebem que tornam inevitável aquele tipo de comportamento. O motivo pelo qual percebo tantos problemas com o erro de atribuição é eu ter a tendência oposta. Quem me conhece diria que tendo a usar os sistemas e a organização como forma de explicar o que está acontecendo, correndo o risco de deixar passar fatos importantes sobre os indivíduos. Tenho que admitir que muitas vezes eles estão certos, mas não tem problema, porque já me treinei a fazer uma segunda análise da situação para ter certeza de que não serei surpreendido pelo indivíduo teimoso e despreparado que perturba uma organização perfeitamente estruturada.

A questão é que todos nós temos preconceitos, em uma direção ou outra. Se quisermos melhorar nossas chances de encontrar o diagnóstico correto ou a resposta certa em qualquer situação, precisamos de formas de superá-los. O capítulo anterior apresentou algumas formas racionais e sensatas para isso. Agora vamos analisar algumas que funcionam no nível emocional, sem as quais a razão não tem a menor chance.

Expanda sua zona de conforto

A seção no capítulo sobre administração do tempo mostrou como muitas vezes fazemos coisas erradas porque ficamos dentro da nossa zona de conforto. Agora é hora de descobrir como sair dela.

O primeiro passo, e de longe o mais importante, é reconhecer e aceitar que temos zonas de conforto, e que parte do que precisamos fazer está fora delas. Onde quer que estejamos profissionalmente, algumas das coisas que os outros esperam de nós não nos deixam confortáveis. Isso o preocupa?

Você se sente culpado? Se for o caso, simplesmente aceite que você é humano. Suponha que todo mundo está na mesma situação, seja qual for a imagem que você esteja passando para o mundo exterior. Esqueça a culpa, e o problema ficará muito mais gerenciável.

Em seguida, descubra especificamente o que precisa, ou quer, fazer. Isso não será difícil quando tiver aceitado a ideia de que você não é perfeito e que algumas das coisas que considera difíceis são fáceis para outras pessoas. Passe pela rotina de gerenciamento do tempo para identificar os itens urgentes e importantes, mas, dessa vez, também observe como eles fazem você se *sentir*.

Agora você sabe o que precisa fazer, e é hora de começar a sair delicadamente da sua zona de conforto e colocar mãos à obra. A palavra-chave aqui é "delicadamente". Vá com calma. Pense nisso como subir um lance de escadas. Você pode subir um degrau de cada vez, ou talvez dois, mas se tentar pular dez, vai acabar voltando para o primeiro. A ideia é que, ao longo do tempo, você conseguirá transformar o desconhecido em familiar, e, portanto, não ameaçador

Procure ajuda

Preferencialmente, ajuda de estranhos. Vamos voltar por um momento à experiência descrita no Capítulo 1, com as três linhas de diferentes comprimentos. Lembra-se de como 75% dos indivíduos podiam ser manipulados pela pressão social para dar uma resposta obviamente errada? Você terá que superar forte pressão social se quiser atualizar a sua forma de pensar ou da sua organização. A experiência teve bons resultados. Uma versão mais recente constatou que apenas uma voz discordante entre os participantes foi suficiente para ajudar os indivíduos a darem a resposta certa.

Se conseguir uma voz discordante, você verá que é drasticamente mais fácil detectar o que está fazendo de errado. Se conseguir várias vozes discordantes, melhor ainda. Você também vai descobrir que as melhores pessoas para ajudá-lo são as de fora do seu próprio mundo. É improvável que alguém de sua própria especialidade (finanças, marketing, desenvolvimento de software ou qualquer outra), ou alguém de sua própria organização, seja de muita ajuda. Como exemplo, aqui estão as três pessoas que mais me ajudaram ao longo do último ano:

- Andy – ex-professor de ciência da computação, especialista em programação neurolinguística, consultor em desenvolvimento organizacional.
- Nathalie – web designer, musicista, psicóloga.
- Nick – psiquiatra, psicanalista, ex-chefe de uma grande instituição psiquiátrica.

Há vários pontos importantes sobre essas três pessoas. Está claro que nenhuma delas pertence ao meu mundo. Duas das três têm formações muito diversas, combinando elementos que normalmente não andam juntos.

Como saber quem será um bom colaborador? Há alguns pontos que devem ser identificados.

Um deles é que a pessoa deve ter capacidade de aceitar a sua situação, mas não se limitar por ela. Outra forma de colocar a questão é que essa pessoa, em geral, consegue distinguir entre o que é realmente uma restrição para você e o que você acha que é uma restrição.

Os bons colaboradores sabem quando insistir com você e quando deixá-lo à vontade. Às vezes, você terá ideias que parecem loucas. Algumas das possibilidades que você vê o farão ter medo de estar sucumbindo a delírios de grandeza. É nessa hora que você vai precisar de uma opinião objetiva para lhe assegurar que não está completamente louco.

Uma das habilidades fundamentais de um bom colaborador é a capacidade de ver as possibilidades que você não consegue enxergar. Veja, por exemplo, o caso de Charles Babbage, o primeiro a ter a ideia de criar um computador. Sua visão era essencialmente de uma grande calculadora, que faria o que foi projetada para fazer. Foi a colaboradora de Babbage, Ada Lovelace, que teve a ideia de fazê-lo programável. Primeiro, era preciso montar a máquina, e, depois, pensar em outras coisas para ela fazer. Ele pensou no hardware, e ela acrescentou o software. Aplique este tipo de abordagem colaborativa à sua própria situação. Procure comentários do tipo: "Eu gosto do artigo, mas acho que existe uma ideia maior, mais interessante à espreita, que você não mencionou" ou "Se você mudasse isso, isso teria algo que atrairia um mercado muito maior".

Quando você receber conselhos, pergunte-se: "Ele diria isso a outra pessoa?" Isto é muito importante, porque a posição padrão de tantas pessoas que oferecem conselho é relatar o que funcionou para elas, ou para outro indivíduo, mas que pode não funcionar para você. O que os meus três conselheiros são capazes de fazer é ter ideias que realmente funcionam para mim. Eles me conhecem bem o suficiente para adaptar os seus conselhos.

Vá com calma

Se você decidir que quer romper com a sabedoria convencional e começar a viver de forma mais eficaz e hábil, é preciso reconhecer que o pensamento é a parte fácil. O aspecto emocional será o mais difícil. Você terá que se virar com menos apoio social ou organizar fontes alternativas de apoio social. Você terá que se envolver com algumas partes primitivas e poderosas da sua psique.

Este é o ponto em que eu realmente discordo dos gurus motivacionais e dos livros de autoajuda. Libertar-se de uma forma de pensar ultrapassada será um processo, não um ato. Não posso oferecer-lhe sete passos para nada, nem posso prometer que tudo será feito em 21 dias.

Não existe um método definitivo para você se libertar de formas de pensar ultrapassadas. Em vez disso, existe uma série de práticas para manter o seu pensamento e, portanto, suas decisões e ações, em sintonia com uma realidade em constante mutação, tornando-o um pouco mais livre todos os dias, mesmo se você nunca alcançar a libertação completa. Valerá sempre a pena o esforço, e esse esforço vai diminuir ao longo do tempo.

Não tente começar uma revolução

Eu adoraria se você tentasse, mas devo admitir que não seria a melhor atitude a tomar. Sugiro começar devagar. Procure algo que seja relativamente fácil de mudar, de preferência algo que envolva somente a sua pessoa. A maior parte das ideias apresentadas neste livro pode ser aplicada a uma organização inteira, mas existe muita coisa que você pode aplicar a si mesmo. Você não precisa pedir permissão. Nem precisa contar aos colegas que decidiu começar a fazer as coisas de forma diferente. Basta decidir o que pretende mudar, elaborar um plano, discuti-lo com seus assessores pessoais e ir em frente.

Preserve suas reservas de autossupervisão

Lembre-se da experiência com os biscoitos e os rabanetes no Capítulo 7 sobre incentivos, que demonstrou como a autodisciplina é um recurso limitado. Você pode expandir a ideia da autodisciplina em uma capacidade mais geral de autossupervisão. Autossupervisão significa a capacidade de observar a si mesmo durante a realização de alguma tarefa e fazer os devidos ajustes, se necessário. Será fundamental quando você estiver aprendendo algo novo ou entrando em novas searas. Pense, por exemplo, no enorme esforço mental envolvido quando aprendemos a dirigir, para coordenar toda a gama de novas tarefas não familiares. Liberar-se do pensamento ultrapassado é o mesmo tipo de tarefa, e você precisa estar preparado.

Eu ilustrei este ponto muito bem quando comecei a escrever este livro. Toco violino em um grupo amador de música de câmara, mas vi que era impossível conciliar os ensaios com a redação do livro. Eu não conseguia me concentrar na música, nem ouvir meus colegas tocando, nem dominar o instrumento; no entanto, continuamos tentando até não dar mais. Eu tive que interromper os encontros e só fui retomá-los depois que concluí o livro.

Pode ou não ser aceitável para você que os esforços empenhados no trabalho acabem impactando sua vida pessoal dessa maneira, mas provavelmente não vai acontecer. Escrever um livro é uma tarefa bem exasperante. O maior risco que você corre é assumir tarefas demais no trabalho e não dar conta do recado. Você precisará ser muito objetivo quanto às suas prioridades e pensar muito bem sobre o que deve assumir e o que deve ignorar.

Não rejeite a ansiedade

Talvez pareça estranho. Tendemos a considerar a ansiedade algo ruim, mas faz mais sentido encará-la como um sinal valioso.

A ansiedade é enganosa quando parte da visão primitiva de que o que é familiar é seguro e que o não familiar é perigoso. Este reflexo é resquício da Idade da Pedra, mas ainda está enraizado em uma parte muito antiga de nossos cérebros. As pessoas primitivas não estudavam ciência, nem lógica, nem tinham linguagens sofisticadas para compreender se determinada situação não familiar era segura ou não, por isso seguiam um princípio muito simples. Se algo era familiar, provavelmente elas já tinham sobrevivido a isso – portanto, era seguro. Se algo não era familiar, como saber? Melhor evitar.

Esta era uma estratégia eficaz em um mundo sem mudanças, mas não faz muito sentido hoje em dia. Imagine aplicar este princípio no mundo da tecnologia. Fabricar PCs é familiar, mas dificilmente é seguro. A computação na nuvem não é algo familiar, mas provavelmente é uma aposta mais segura para os próximos anos.

O fato é que qualquer situação não familiar tenderá a nos deixar ansiosos. Não significa nada além de a situação não ser familiar, que é algo bastante comum hoje em dia. A ansiedade neste caso não ajuda muito, a menos que seja de determinado tipo.

A ansiedade "sinal" é o tipo que realmente importa. Vem do reconhecimento interno de que algo de novo está surgindo. Esse algo pode ser bom ou ruim. A mensagem é "Preste atenção!", mas muitas vezes nós a interpretamos como: "Não está bom, volte para segurança." Talvez tenhamos esta reação mesmo se estivermos prestes a fazer uma grande descoberta.

Concluindo, portanto, a ansiedade pode significar:

- ⮂ Estamos perto de algo bom.
- ⮂ Estamos perto de algo ruim.
- ⮂ Estamos perto de algo que não é bom nem ruim, simplesmente diferente.

Isso pode não parecer útil, mas, com a prática, poderemos começar a distinguir diferentes formas de ansiedade e compreender o que pretendem nos dizer. A ansiedade deixa de ser um sentimento desagradável e se torna um sexto sentido precioso. Você pode transformá-la em um princípio. Alguém me perguntou recentemente como eu decido o que fazer primeiro todos os dias. Minha resposta foi: "Escolho a mais importante das coisas que não tenho vontade de fazer."

Três coisas para fazer AGORA (e para sempre)

Meu agente me conta que muitos começam a ler os livros de trás para a frente, e acabam não indo além do último capítulo. Se você for uma dessas pessoas, eis do que você precisa. Se começou a ler do princípio, aqui está a essência do que acabou de ler.

De qualquer maneira, escreva esses três mandamentos em algum lugar visível, onde você possa lê-los todos os dias:

- Pense sobre a forma de pensar.
- Aceite que você é humano (e estenda essa gentileza aos outros).
- Peça ajuda de estranhos (comece passando algum tempo com pessoas muito diferentes de você).

Boa sorte!

TEM MAIS...

Se ler este livro mobilizou você a querer atualizar sua forma de pensar, tenho algumas boas sugestões.

Para uma fonte constante de novas ideias, técnicas práticas, estímulo ou questões provocantes, incluindo seminário gratuito por telefone todo mês, assine o blog "Don't You Believe It" (em inglês) em www.dontyoubelieveitblog.com. Se você prefere o Twitter, basta me seguir – @acddryburgh.

Este livro foi composto na tipologia ITC Century Std,
em corpo 11/15,3, impresso em papel off-white,
no Sistema Cameron da Divisão Gráfica
da Distribuidora Record.